序

从现在起，过有准备的人生

2017 年是我的改变之年。工作无比繁忙，全年总睡眠不足 1500 小时。幸好我饮食很合理，严格按照营养比例进食。2017 年我一直坚持锻炼身体，很少生病，整日容光焕发，很多人说我看起来就像刚刚毕业的大学生甚至高中生。

其实，我的状态越来越年轻化是因为我很自律：每天尽量早睡，按时早起；起床后就读书学习，几小时心无旁骛；基本不吃垃圾食品，按照碳水化合物、蛋白质、脂肪的比例，严格规范营养摄入，在健康补给品上也是每天不敢懈怠；即使很忙，我在日程中也要坚持每周三到四次泰拳训练，每日 30 分钟核心训练；即使被竞争对手以每两周一次的频率用各种惨烈方式“黑”死，我也学会慢慢调节自己，从开始的气愤无比，到后来坦然处之，更重要的是，我学会了包容他们的无理与粗俗。

我坚持学习。为保障知识的有效输入，2017 年我到夏威夷、博鳌、上海、广州、深圳、湖南、贵州等地拜访资深学者，共向 53 位名师学习，共读书 105 本，斥资近百万元。晚上，我躺下就入睡，不刷朋友圈，不唠闲篇儿。“人生效率体系”是我摸索多年的人生效率达成法，我跟大家一样，只是简单照做。

很多人问我，为什么坚持一段时间了，人生还没“开挂”？因为，我们还需要迭代自我。

创业第五年时，我立下了死规矩：团队招人不以性别、学历、身家背景来评价候选人的资质，而是以是否会以身作则、知道并做到来衡量资质。我更看重一个人在业余时间做着哪些事，以此来决定公司对其成长助力的资源倾斜度，以及我对他本人的关注度。

3 年前，一位新成员加入团队。我发现他勤奋好学，待人处事有礼有节，就将其升为 CEO 助理。刚开始他频频犯错，后来慢慢了解了我的思路，跟随我打了很多场战役：学习如何提升自我，学习为人处世原则，以及与人为善的人生底线。只要我不休息，他也不休息。两年任期快满的时候，我找他谈话，让他到更有竞争力的岗位上历练自己。他听我一说，立马就表示不想离开助理岗。我劝他：“你必须到更有挑战性的岗位上锻炼自己！”尽管他万般不情愿，但还是被分配到了一个完全陌生的岗位，什么头衔都没有，刚开始就是去学习。

仅仅两个月，他就实现了月收入的翻倍，接着就翻了十倍！2017 年元旦，别人都在放假休息时，他用近万元为自己报了培训班迭代自我。2017 年年底，做年度计划时，他骄傲地告诉我，2018 年，他要为“自我提升”支出 15 万 –20 万元，且赚回百万年薪；关于装备提升，他今年准备升级一下每日座驾，他看中了一辆跑车，价值百万；如果收入更多，会考虑再购置一套房产。

他是 HT，我的前任助理。

其实，HT 只是我的团队中的一员，实现自我迭代升级的还有很多人。他们都在我们的创业路上实现了人生的升级，看看他们几年前刚进入团队的模样跟现今的对比，才几年时间，我简直不敢相信那是同一群人。

当没有一个“能够逼迫你不断自我升级”的上级时，你就要开启“自己逼迫自己”模式。

我们公司还在初创时就组织年度旅行，2017 年那次是“日本年度游轮行”，大家一起同吃同住同行动。观察几天后，行程最后一天，我独自坐在房间里，梳理我所看到的一切。

这次游轮行的某天，我们安排了“早起特别行动小组”。东京时间早上六点，摄制组敲开大家的门，拍摄早起状态。有的人起得特别早！还自发加入了摄制组，当起了拍摄敲门童；有的同事一直有早起的习惯，门一打开，透过镜头，就能看到他们在看书写字，习惯性地修炼硬本领；也有的人睡到昏天黑地，敲了好久才把门打开，披头散发，脸上毫无神采。

我们每天都在一起吃饭，每个人的饮食偏好尽收眼底。一个人的身材、精力、皮肤状态，其实与饮食习惯密不可分。果不其然，喜欢肥肉的同事，就满盘子大肥肉；只吃主食的同事，盘里盛满面条粉丝，其他一概不碰；喜欢甜点的同事，盘子里装的都是蛋糕，单个的热量就很高，还吃六七个！还有的同事餐后吃水果，两大盘全是甜瓜和西瓜。

一天，大家相约去健身房健身，结果没做多久，有的同事就撑不下去了。他们面色惨白而虚弱，但也有的同事沉浸于运动的乐趣中，自如地使用每一个器械，用他们的话说："可以在健身房待一上午！"

有的人在等候的碎片时间里，会进行阅读；有的人在手机上下载了游戏，玩得不亦乐乎；有的人一有空就四处交谈。

人与人之间的差异到底在哪里？上述所见所闻，就是一种差异。当然，这只是可见性的差异。我们不妨大胆来做个假设，如果此刻你也在游轮上与我同行，遇到这样的情况时，将如何表现。我说的这种表现，并不是装出来的表现，而是真实的自我写照。

从小，父母就给我灌输一种价值观——君子慎独，就是人前人后表里如一。所以，不用监督，我也是一个自发早起、自主运动、健康饮食、不断学习的人，我把它称为自觉自律。

但每个人都不是生来就能做到自觉自律的。经历了决定性瞬间或是因为某些人和某些事儿（我把它称为转折点），才能开启一种全新的思索模式——为什么我不行？为什么我是这个样子的？然后才有自发性改变，由于知识的匮乏与不足，需要经过"自我输入"才能完成自我版本的迭代。每个人都会遇到自己的决定性瞬间，它是一个微妙的存在，总是与你不期而遇。

人的自我版本的迭代升级是永不停歇的，直到升级到理想中的样子。只要你在经历着人生的经历，反思着人生的反思，迭代着输入的认知，在自我管理上得到进步，就会看到自我版本的迭代升级。今年是 2018 年，我不由感叹，一个人思想变了，世界就变了。

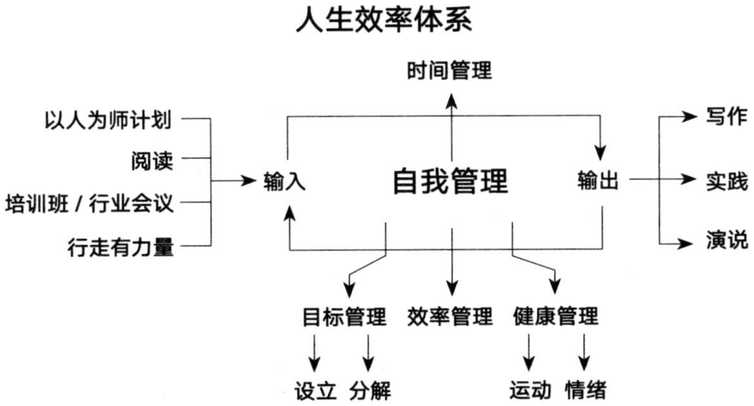

我用了很多年才想清楚，原来弯道超车不是实现人生迭代的唯一方式，还有一种更厉害、更炫酷的方式——变道超车。当赛道太普通时，对手也不会太优秀，这时的你，始终在自己狭隘的小圈子努力，一生也不可能拥有太多次高水平的跃迁；只有自己搞清楚如何去更换赛道、升级赛道，才能拥有更厉害的战友，才能离人生目标越来越近。

2018 年，我们不仅需要弯道超车，更需要掌握变道超车的能力。

有这么一条规律：只有同等能量的人，才能相互识别、相互欣赏。你身边围绕着一群“懒癌患者”，那是因为你曾经也是，或者你表达过对“懒癌”的喜欢。当你逐渐走向金字塔顶，寻觅优秀的朋友，其实你也在重新定义自己。如果你自己不优秀，你不想变得优秀，那就没有办法吸引到你理想中的优秀的人来到你身边。只有把自己活成一束光，别人才愿意向你靠近，愿意跟你在一起。你才能用你的光与热，点亮更多人。

2018 年，在马拉松赛道上，找到你的陪跑者与过去的自己，活成理想中的模样。

人的生命长河中，在生活的同时，我们也在创造自己的宇宙。2018 年，365 天，8760 小时，525600 分钟，31536000 秒，每一刻都像一支射出的箭一样，应该奔向你的目标，而不是与其背道而驰。不要在普通小路上浪费太多生命中最有价值、最有能量的时光，让每一个念头都有价值，都充盈着正能量。学会经营“社会资本”，做好时间管理，训练自己的硬本领，让自己的单位时间货币价值越发增值，让自己更无可替代。

2017 年，我说：对自己负责，就是对自己的时间负责。当我们懂得了如何管理时间，世界就变了；

2018 年，我说：过有准备的人生。我相信你行，也相信我自己可以做到。

4 PART 人脉管理

PART ①

第一章

精力管理

1 目标建立

个体崛起时代的快速增值

我认识一个叫小谢的姑娘。她前段时间去了韩国留学，在那里遭到了排挤，这让她既愤懑又难过，于是便找我倾诉，说不知道未来的方向在哪里。

我非常理解她，因为工作关系我每年都会到海外出差，所以对独自一人在陌生环境中的无助感、孤独感和焦虑感，我能够感同身受。于是，我问她：你去韩国留学的目标是什么？那些排斥你的人对你而言真的重要吗？他们的态度会妨碍你实现目标吗？

小谢说，她去韩国有两个目标：一是在韩国好好学习，努力获得优秀成绩；二是了解韩国文化，融入韩国同学圈。

那么，你就会发现：因他人而产生的烦恼，并不是她的真正目标，她真正的目标只不过是在一系列的事件和情绪中迷失了。

显而易见，这就是因没有明确目标而给人带来的困扰。那么，我们究竟应该如何建立并明确自己的目标呢？

在我的《人生效率手册》一书中，关于如何建立目标，我提到过七个人物法。这七个人都是你想成为的人，也就是你的榜样。作为你想要超越的目标，这七个人一定要设定为不同级别的。比如，有终生难以超越的人，有三年到五年可以超越的人，甚至在一年之内就能超越的人。

目标倒推法的好处在于，我们能通过构建未来的自己，明晰现在的目标，由此形成一种新的人生格局。

那么，当你找到自我定位且明晰了目标之后，应如何将目标具体化、付诸实践呢？对此，我再给大家提供两大工具：第一，SMART 法则；第二，甘特图。

我们首先来讲第一个工具，SMART 法则。

在生活中，每个人都希望能够拥有好运气，但好运气从哪来呢？我身边有不少朋友喜欢结伴去庙里求签、找人看相或者找星座专家看运势，似乎找到了情感或信仰寄托，就找到了好运气。

但其实，真正的好运气源于自身的准备。根据确立的目标，做好计划，并通过一步又一步的努力去实现，这个过程就是在积累我们的运气。

在《人生效率手册》中，我也阐述过 SMART 法则，它对细化我们的目标非常有用。“SMART”一词是由五个英文单词的首字母构成，它们分别是：Specific（具体的）、Measurable（可衡量的）、Attainable（可实现的）、Relevant（相关的）和 Time-bound（有时限的）。

那么，这五个单词具体怎么用呢？

我有一个男性朋友，他以前特别胖，身高 170 厘米，体重却将近 190 斤。有一次，他和女朋友去见未来的岳父。未来的岳父一看他那肥硕的体形，再看一眼旁边身材姣好的闺女，心里对他有些不满意。

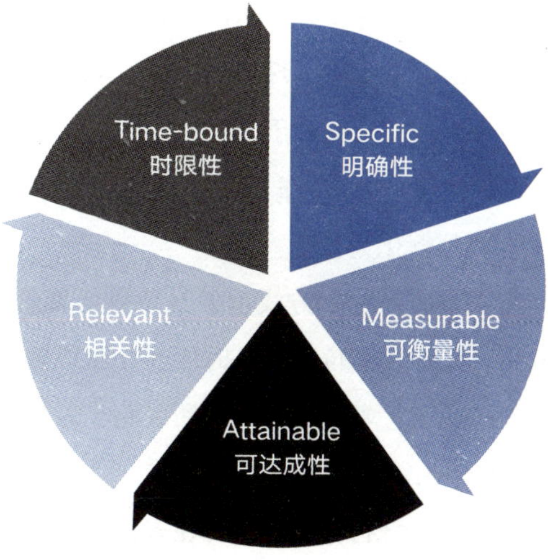

我那位朋友回来后就开始跟我倒苦水，以前他也尝试过减肥，但就是坚持不下来。于是，我让他试试 SMART 法则，先把目标细化，然后逐一实现。

于是，仔细考虑后，他给自己制订了减掉 40 斤的目标。这可不是空喊口号，而是要将目标具体到通过运动和健康饮食的方式来减肥，也就是 Specific。

但这样还不够，要通过运动减掉多少？饮食又要控制在什么范围内？为保证身体机能，各类营养元素的摄入量又要不低于多少……这些都需要用数字把目标定量化，使其具有可执行性，也就是 Measurable。我那位朋友算了算，一个月至少应该通过运动减掉 6 斤。

那么，接下来就是选择具体的运动方式了。运动方式的选择需要因人而异，综合考虑运动环境和身体机能等各方面，他思量过后，觉得跑步比较适合他。于是为了完成每个月的小目标，他详细地列出每次跑多少公里、配速如何等具体的执行内容，这就是 Attainable，将目标化为行动。

不过，选择完成目标的方式也要具备可实现价值和相关性，就是 Relevant。好在我那位朋友小时候对跑步比较热爱，以前没那么胖的时候还尝试过半程马拉松。所以跑步对他而言更有吸引力，也容易坚持下去。

制订了以上细节之后，为了早日在未来的岳父面前过关，他根据实际情况做了一个决定：5 个月实现目标。这就是 Time-bound，给目标做时间限制。只要想到 5 个月后就能迎娶心爱的姑娘，咬咬牙，坚持下去，这点困难也就不算什么了。

同样地，我也将 SMART 法则推荐给了文章开始我提到的姑娘小谢，鼓励她重新规划目标。经过一段时间的调整，小谢如今已经能够更集中、更有规划地去完成好自己的目标，再也不会轻易地被外在因素所干扰。

我们上述所说的 SMART 法则是具体到一个目标时，我们可以怎么做。

但在生活中，我们往往是多个目标同时进行的。

因此这就需要用到第二个工具，甘特图。

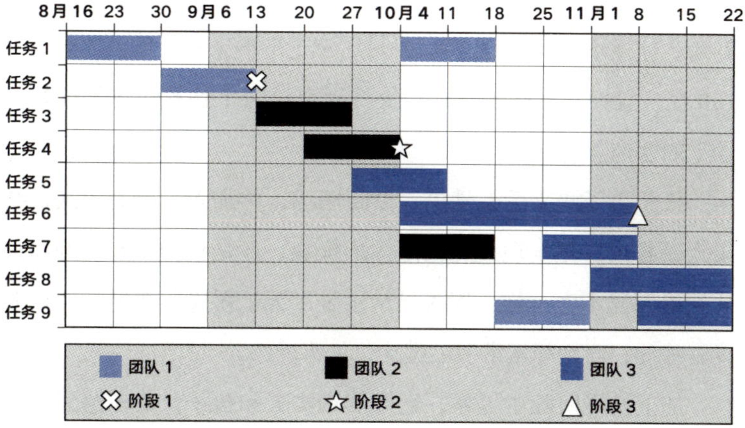

什么是甘特图呢？它其实就是一个多任务管理模块。打个比方，最早的计算器，一次只能完成 1 + 2 = 3 的任务，这是单程工作模式。但我们现在使用的计算机，可以同时用不同软件处理不同的事，这就是多任务管理模式。甘特图就是一个能够帮助我们在多个目标管理上做到游刃有余的工具。

在日常生活中，我们需要平衡工作、家庭、个人提升等各个方面。很多目标需要同时进行，并且各个目标的标准不一样时，就需要用甘特图来辅助我们完成。

我的一位 80 后女助理康康，完成结婚生子的人生大事后，生活倒也安安稳稳，每日做做家务、带带孩子、看看剧，一天的时光就打发了。

我还记得，她生完孩子以后，第一次和我们出来聚会时，我们都大吃一惊！她以前是一个特别水灵的姑娘，身材窈窕，玲珑有致，体重不到 95 斤，产后身材居然走形得十分严重。体重达到 150 斤，且一直居高不下，即使特别宽松的 T 恤衫也遮不住她肚子上的赘肉。

孩子大了些之后，她决定重回职场，并加入了我的团队，结果大受打击。她发现，无论是体形样貌，还是精神状态，她和其他姑娘明显不太一样。别人虽然也是每天忙得脚不沾地，但依旧风姿绰约，而她却常常手忙脚乱、焦头烂额。

加上她平时除了工作，还要照顾丈夫和孩子，实在感到有些力不从心。于是她问我："萌姐，为什么我每天这么忙，这么努力，却什么事都做不好呢？工作和家庭，我应该怎么兼顾啊？"

造成这种结果的原因其实就是没有做好多目标的管理工作。女性在生活中尤其需要进行多目标管理。除了工作以外，家庭中与丈夫的沟通、和长辈的相处、对孩子的教育，还有个人的提升等，这些都需要用甘特图进行目标管理。

所以在我的建议下，康康开始用甘特图来管理自己的日常生活。那她是怎么使用甘特图的呢？

甘特图的内在思想其实很简单，就是用图示的方式，通过活动列表和时间刻度，形象地表示出不同项目的活动顺序与持续时间。横轴表示时间，纵轴表示任务，线条则表示在期间内的任务完成情况。

在画甘特图时，康康把自己每天需要完成的一个个小目标都列出来，比如：早起学英语、做饭、送孩子上学、整理公司的会议纪要等。

然后，根据每个任务启动时间的先后，将其依次排序；再通过字体颜色或字号的不同，将重要和紧急的任务与其他任务加以区分。完成每个任务需要花费的时间，就是甘特图上的一根线条，线条越长，就表示任务完成需要的时间越长。

这样一来，每天需要完成多少目标，多长时间完成，什么时间完成，应该优先完成哪一个，目标的完成情况，都能一目了然。

读到这里，你是否已经掌握了辅助你目标建立的两大工具呢？

当我们明确了大致目标后，目标的具体细节就可以通过 SMART 法则进行完善。

一个人的一生很少会只专注做一件事，所以如果你需要同时完成多个目标，那么甘特图将会是进行多目标管理的得力工具。

2 目标分解

细化任务和突出重点

在写《人生效率手册》这本书期间，我和负责我这本书的图书策划人闲聊时，她说起自己目前同时在策划推进的还有四五本新书。

要知道，图书策划人的工作可不轻松，不仅要在选题上绞尽脑汁，而且确定选题后，还要约稿组稿、编辑加工、三审三校，文字敲定了还有设计、制作、宣传、发行等工作，这非常考验一个人在目标分解和落地执行上的能力。

这时，她从包里拿出一个厚厚的笔记本，我凑近一看，嚯！上面密密麻麻、条条框框列的都是她一天、一周甚至一个月要做的事。有些甚至细化到几点见完客户顺路去买记事本、几点打电话叫快递员来取快递的程度。

看到她能将完整的一天拆解得如此细致有条理，我内心很激动。要知道，懂得目标分解并严格执行它的朋友，大多数都离成功不远了！

如果想要一个目标具有可操作性，就必须将其分解成一个个能够执行的任务。

道理都会说，但是具体应该怎么做呢？下面就是目标分解的三个方法：

第一，分子分解法。

第二，重要性法则。

第三，目标排序法。

在了解第一个方法之前，我们可以先问自己一个问题：我去年这个时候在做什么呢？

是不是得翻翻朋友圈或微博才能想起自己做过哪些事？想想看，假设有一天你忘了在社交网络上发布自己的动态，那你这一天所创造的价值是不是就没有记录了呢？

那么分子分解法就能让你知道自己去年的今天做了什么事，还能告诉你去年今天的某一个时段甚至哪几分钟做了什么事。

众所周知，分子是构成物质的一种基本粒子，是一个非常小的单位。我们把大目标当作一个物体，把小目标当作构成它的分子，那么分子分解法就是把大目标拆解为一个个小目标。

这个方法的关键在于：要把大目标分解到细小得不能再细小的程度，直到可以用画对钩的方式标记执行进度。这样分解出来的小目标，要么做了，要么没做，不存在模糊的中间值。

我们平时去商场囤货就是这个道理。囤货可是个大目标啊，毕竟你接下来一周的食粮就靠这次大采购了。于是，你拿出一张纸，在上面列出你需要购买的零食 A、零食 B，还有同事推荐的非常好喝的饮料 C。

买完一样就在购物清单上画钩，确保自己没有落下任何一样想吃的零食，这就是我们生活中最常见的分子分解法了。

那么，你可能会问，我把这些小目标都记在哪儿呢？这里给大家推荐一个辅助工具：效率手册。它和普通的记事本可不一样。在效率手册中，每一天都是一份计划清单，帮你逼着自己去规划一天的三个目标，然后把每一天的目标又细分为每个小时的目标，这样行动起来更容易操作，也更容易坚持下去，从而实现大目标。

就像文章开头我提到的那位图书策划人，她用来分解目标的工具，正是之前我送给她的《赢·效率手册》。她利用手册，把每天哪个时间段需要完成什么事，无论大小，无论主次，都清清楚楚地列出来，避免遗漏。完成一件事，就打一个钩。一天下来，只要回顾一下手册，就能知道自己今天创造了多大的价值。而在回顾的那个时刻，也正是这一天中让你充满成就感和充实感的美妙时刻。

当然，有了分子分解法来细化目标还不够，你还需要找到对实现目标具有关键影响的小目标。**这就是要讲的第二个方法，目标分解的重要性法则。**

一个大目标可以分解成很多个小目标，但其中往往只有几个小目标，才是对大目标的最终实现起决定性作用的。人们常常把这些关键目标叫作“难啃的骨头”，而重要性法则就是帮你找出那些难啃的骨头。

我们在工作或生活中可能常遇到这种类似的问题：

与人约定明天交稿，但七零八碎的事情做完后，稿子被拖到了晚上才写，然而思路却卡住了！

孩子马上要上小学了，准备了文具用品，教会了怎么认识钟点，天哪，突然不知道还要准备些什么！

结果，每次都急得满头大汗……

要想很好地解决这些问题，我们就得用好重要性法则。

我们在分解目标时，应当牢记哪些是重要的目标，从而对这些任务给予更多时间和精力上的分配。

就拿我的经历来说，刚进大学时，我的英语成绩在年级里算是倒数。后来为了提高自己的英语水平，我痛定思痛，仔细地分析了自己的弱势，发现阅读理解是我得分最低也是我英语学习中最薄弱的部分。

所以我把大部分精力都放在阅读理解上，于是我多读英文文章，培养语感；多查词典，积累单词量；多向英语成绩好的同学借鉴经验，了解一些快速阅读的小窍门。果然，通过一段时间的集中努力，在接下来的考试中，我在阅读理解这块的分数大大提高了。

显而易见，这就是用好重要性法则所带来的好处。

第三个方法：目标排序法。

完成一个大目标，往往需要很多步骤。有些目标的实现，是以小目标的完成为前提的。这就要求我们对分解后的小目标进行排序。

我们常说的“巧妇难为无米之炊”，其实也是同样的道理，只有先买好米，才能开始做饭。

还是以本节开头所提的图书策划人为例，在她的工作流程里有个“三审三校”，包含初审、复审、终审、一校、二校、三校六个环节。各环节之间都存在内在的逻辑关系，此环节的完成是进行彼环节的前提，得先完成这个，才能去做那个。

如果当天她除了校稿以外还有别的工作，比如沟通作者、联系设计或撰写推广方案，那她就需要斟酌每个目标的轻重缓急，然后将她的目标按照内在逻辑和重要程度进行排序。只有这样，她才能分解好自己的大目标，并促进各项目标高效地完成。

说到这里，我们已经分别了解了目标分解的三大法则：分子分解法、重要性法则、目标排序法。但在实际运用中，这三个方法往往是相辅相成，共同发力的。

怎么理解呢？

熟悉我的人都知道，从2013年刚创业的时候，我就希望能够做一所中国最优秀的在线大学。这所大学是以培养企业所需的标准化职业人才为目标的。

这个目标很大，我该怎么实现呢？

为了实现这个想法，我明确了创建一所私立大学最关键的三件事：资源构建、平台搭建、知识积累。我把目标配比的重心，主要放在这三个方面。**这一步就是目标分解中的“重要性法则”的体现。**

面对这三个目标，我应该先做哪个，后做哪个呢？**这就需要运用目标排序法，**对目标的先后顺序进行排列。创建一所在线大学首先要有导师资源，有了优质的导师，搭建平台才会有深厚的师资基础，在此之后需要进行知识积累，创建大学教育体系。所以我很快确立了三个目标的顺序。

但做到这些，仍然不够。若想目标能够具有可执行性，则需要将其细化成一个个具有可操作性的任务。通过使用《赢·效率手册》，我以每天的每个小时作为一个小目标，每个小目标加总等于每天的目标，每天做的事情加总等于每周的目标。每完成一周的目标，我就离大目标的实现更近了一步。

在目标分解的过程中，灵活运用这三个方法，细化任务，突出重点，按照内在逻辑将任务进行排序，再逐一完成这些任务，那么大目标的实现也只在咫尺之遥。

3 目标实现

18 个周期礼物法与权威期待

公司里有一位实习生叫 Amanda，我对这个姑娘很有好感。1997 年出生的她年纪虽然小，但是目标明确、干劲儿十足，对生活和工作始终抱有一种难以掩饰的热情。当初面试时，她已经是某小说网站的签约作者了，还神采飞扬地告诉我她正在筹备人生的第一部长篇小说。

一次，公司团队聚餐时，我问起她："Amanda，你的长篇小说写得怎么样了？"没想到，此问一出，这个姑娘的脸上顿时浮现出一丝失望。原来她正遭遇创作瓶颈，心态上有些不稳定。她觉得写长篇小说太费时费力，而且读者似乎对她的长篇小说并不是特别埋单。她自己也觉得越写越没意思了。

她哭丧着脸反问我："萌姐，我明明很清楚自己的目标是什么、应该怎么做，但为什么实现起来还是这么难？我现在一点动力都没有！”

她这么一抱怨，身边又有一些同事围过来，纷纷说起自己的心酸史。我被大家围在中间，感受到了来自四海八荒的怨念。

其实 Amanda 的情况，是目标管理中比较常见的问题。很多人也许会认为，目标管理只要学会目标建立和目标分解就好了，目标实现是自然而然的事。

这还真不是！如何有效促进目标实现，以及目标实现时我们应该怎么做，也都是门学问。

其实，目标实现是有方法可循的。对此，我总结出**目标实现的两大方法，分别是使用激励手段和学会目标复盘。**

首先我们介绍第一点，使用激励手段。

什么是激励手段？也许会有人说：“激励肯定就是发红包，给礼物。”没错，的确与此有些类似。我把激励手段分为自我激励和他人激励两种。在自我激励中，我们就可以用刚刚说的法子，给自己“发红包，买礼物”。

但问题是，我们为什么要给自己奖励呢？

在心理学中有一个经典的理论叫作**“延迟满足效应”**。比如有一群小朋友，我们给每人发一颗糖果，同时告诉他们：如果马上吃，就再给一颗；如果能等 20 分钟再吃，就再给两颗。有些孩子没忍住，拿到糖果就立即吃掉了；而另一些孩子耐住性子，等了20分钟再吃，因此又获得了更多的糖果。

延迟满足的好处在于，我们能够为了长远的、更大的利益，适当控制和调节自己的行为，坚持不懈以保证目标实现。这就是自我激励的原理。

那么，自我激励又有哪些方法呢？

比如，你可以使用“18个周期礼物法”，通过物质手段激励自己。每21天可以归为一个小周期，那么一年大概是18个周期。当你坚持做一件事时，就在每个周期结束时设置一个奖励，周期时间越长，就将礼物的价值设定得越高。

当然，18个礼物不是任意设置的，而是有一定的挑选标准：其中50%的礼物要与个人成长相关，30%与物质甚至与炫耀相关，另外20%可以随意挑选。然后，按照对这些礼物的渴求程度将其排序，把最不想要的放在第一个周期，以此类推。

对文章开始我提到的Amanda来说，她想要创作一部长篇小说，但她觉得实现目标很难。这就是因为没有激励，而导致没有动力。如果她每完成一个小目标，就给自己一点小奖励呢？比如写完小说的前50章，奖励自己一支新款口红；写到100章，就奖励自己一顿豪华大餐。如此一来，结果会与之前大不相同。

对自己进行及时奖励，以对自己的努力进行仪式上的肯定和回报，如此获得一定的成就感，会让人更有信心和动力去实现目标。不过，要注意的是，我们一定要对自己讲信用，千万不能给自己画大饼却不兑现。不然，对自己失信了一次，接下来的激励效果可能就会大打折扣。在此我透露个小秘密，我基本上从不乱买东西，都是将目标与购物相结合，也就是“18 个周期礼物法”。

当然，除了自我激励外，还有一种他人激励法。

比如说来自权威机构或重要他人的期待。

还是以 Amanda 为例，对她来说，她的权威机构就是小说网站和出版社。她可以邀请这两类权威机构的相关人员，帮她验证阶段性的成果。当小说网站愿意给她板块推荐，或者出版社夸赞她文思敏捷甚至鼓励她未来可以出书时，这就形成了一种权威机构对她的期待，这些权威期待就会促进她达成目标。

那么，谁是 Amanda 的重要他人呢？比如她的小说编辑，她身边的朋友，还有她的父母。如果这些人都对她的小说抱以期待，并给予鼓励，想必 Amanda 心中已经收获了对她而言最重要的读者，并萌生要让他们为自己骄傲的决心。这样的决心正是她实现目标的助推器。

那么，如果 Amanda 通过自我激励和他人激励，促进自己完成了目标。那她还可以做什么呢？难道就可以放松下来去安然享受成果了吗？

很显然并不是，接下来她需要迎接目标管理中至关重要的一步，也就是**目标实现的第二点，学会目标复盘。**

“复盘”原本是围棋术语，指的是在下完一盘棋之后，要重新摆一遍棋局，以检查对局中对弈者的优劣与得失关键，并进行分析和推演，以获取技巧和经验，更新和完备自己的棋术战略储备库，使棋艺更加精湛。

后来柳传志把这一概念引入做事中，建议我们在工作生活中要学会解剖自己，总结得失。于是，复盘法也成了联想的三大方法论之一。

那么，在目标管理中，复盘可以怎么做呢？

柳传志的联想复盘四大步骤为：回顾目标、评价结果、分析原因、总结经验。在此，我在联想的复盘步骤基础上，从目标实现本身出发，将目标复盘简化为四步：回顾目标、结果对比、思维演练、总结规律。

第一步，回顾目标。当我们完成一个任务后，要先问问自己：我最初的目标是什么？我当初是怎么决定的？就像Amanda，她最初的目标是完成自己人生的第一部长篇小说。

明确初衷后，第二步要做结果对比。看看现在的目标的完成情况：实现了多少？哪里做得好，哪里做得不好？是不是在时间限制内完成的？

通过以上问题，分析了目标与现实的差异之后，我们基本上就可以进行第三步了，即思维演练。通过叙述目标实现的过程，我是如何一步一步走到现在的？我是不是集中精力完成了我的目标？在此期间是否偏离目标？偏离的原因是什么？

以 Amanda 为例，她或许就要反思自己因为缺乏激励而消极怠工。同时，面对写作中遇到的质疑和冷淡，过于在意他人的看法，分散了她的注意力。而她偏离目标的原因，归根结底仍然是缺乏自信。

最后一步，总结规律。将每一次完成目标的经验内化成我们的知识，构建和更新我们的认知系统和知识体系。这样，我们就能知道，下次完成同类目标时可以怎么做，当同样的难题或诱惑摆在眼前，能有哪几种应对方法。

当然，关于目标复盘，不一定非要等大目标都完成了再做，我们也可以阶段性地进行目标复盘。阶段性的目标复盘就好比“吾日三省吾身”，更侧重于防止目标偏离正确方向。而最后总结性的目标复盘，我们可以回顾全程，更侧重于规律总结。无论是阶段性目标复盘还是总结性目标复盘，只要我们从目标实现本身出发，选择适合自己的复盘方式，都能获得意外之喜。

失败的故事都是类似的，成功的故事却各有各的精彩。无论棋坛高手还是职场精英，只要是专业选手，那么与普通选手的主要区别就是拥有复盘思维。我们可以通过复盘找出自己的优势和劣势，逐步提升自己的专业水平，完成从业余选手到专业选手的蝶变。使用激励手段和学会目标复盘，两大方法完美承接。前者通过激励，保证自驱力，有助于我们更有动力地完成目标；后者总结反思，把经验和教训内化为知识和能力，方便我们调整目标进度并指导下一步行动。一个人的思维变了，世界就变了，只要坚持践行这两大目标实现的法则，成功便指日可待。

4 时间投资

价值时间与时间预算

在我的上一本书《人生效率手册》中，已经探讨过时间管理的重要性，但时代在进步，理论也在成长迭代，对于时间管理，我们也应该及时更新认知系统加以应对。那么，面对越来越大的职场压力和忙碌琐碎的日常俗事，我们该如何做好时间投资计划呢？

不知道大家身边是不是都有这样一群“拖延症星人”：老板说明天要交稿，今晚还没开电脑；约了朋友两点半，三点还在路上赶。无论做什么事，他都不愿意提前完成，总是要拖到最后才开始努力，美其名曰“挑灯奋战”，其实不过是做事低效的借口罢了。

就拿上班这件事来说，几乎每个人都挤过早高峰的地铁。人人都说自己赶时间，结果我们就经常会听到地铁上常常有人互相开骂：“别挤进来了成不？”“我要迟到了你赔吗？”说实话，如果这两位愿意提前规划时间，哪怕早出门十分钟，可能情况都大不相同。

怎样才能让“拖延症星人”改掉拖延的毛病呢？我想，大概得先让他们尝到时间投资带来的甜头。

什么是时间投资，又怎么投资呢？时间投资，其实就是将我们大多数的时间和精力，聚焦到更有价值的事上。要做好时间投资计划，可以从两个方面着手：

第一，计算价值时间。

第二，做时间预算。

首先，如何计算价值时间。这是时间投资的基础工作。

要知道，我们每个人的时间，其实都是可以拆解的。一天 24 个小时，我们需要盘点一下哪些时间对自己而言是更有价值的。

那么，这个价值感应该如何来评判呢？

对此，我总结出两种把时间分类的方法。首先，根据时间是否能被人为控制，可以分为可控时间和非可控时间。

比如，我每天早上 4 点起床，起床后的这段时间，通常可以自由支配。我会先拿出我的《赢·效率手册》来回顾前一天晚上制订的 3 个目标，然后列出当天的 To Do List（计划清单）。

其次，我再拿出《总结笔记》来回顾反思前一天的时间花费，尤其要找出前一天的真实花费和计划花费的差异，做出评估反思，以对今天的时间管理有所借鉴。

最后，我会践行“一万小时定律”：坚持写作、阅读和训练演讲能力。正是基于此种坚持，至今，我已经出版了 6 本书。

但是当我在早上 9 点踏入公司后，我的时间就由不得我个人说了算了。我的助理会拿着行程表来监督我工作，9 点半要开会，10 点要录音，13 点约了摄影师拍摄，14 点就要去演讲，17 点还有一个采访。这些都是我的非可控时间。

第二种分类方式，是按照时间的质量划分，有高、中、低三档。比如，中午吃完饭以后，脑袋昏昏欲睡，时刻都有可能与周公相会，这样的时间对你而言就是低质量的。而如果你是个夜猫子，一到晚上就跟打了鸡血似的，注意力十分集中，能高效率完成工作，那夜晚对你而言就是高质量时间。

当你准备分配自己的 24 小时，你可以把所有要做的事全都列出来，按照可控时间或者非可控时间，还有时间的高、中、低质量将其排序，这样你就可以计算出哪个时间段是自己的价值时间。

单位时间越值钱的人越不容易浪费时间。就像埃隆·马斯克、扎克伯格这一类人，管理着庞大的商业系统，他们根本不舍得浪费任何一点时间，恨不得把单位时间的效益最大化。当然，我们没必要和他们比较，但我们必须要和过去的自己，甚至昨天的自己，做一个比较，以知晓时间管理的优劣和得失。对此，在本书前面提到的《赢·效率手册》将会是一个非常得力的辅助工具。

在我即将读高一的时候，我拥有了人生中的第一本效率手册，那是母亲去日本给我带回的礼物。母亲告诉我："人是时间的主载体，你不能被命运主宰，而要去主宰命运，这也是每一个人存在差异的原因之一。"

这句话我至今都未忘记，从那时候开始，我就有意识地利用效率手册来管理自己的时间。

在效率手册中，随时随地把新增的内容补充进去，并安排具体的完成时间，这样就形成了一天的闭环。我可以从中看出自己哪个时间段是真正的价值时间。对我来说，我的价值时间是早上4点到晚上10点。从我醒来的那一刻起，我就已经把自己安排好进入这一整天的战斗了。

其次，当我们知道自己的价值时间后，接着就要为计划外的事预留时间，也就是做时间预算。

我有个学生叫Eisley，特别好学，常常把自己的一天排得满满的，具体到哪个小时甚至哪几分钟做哪件事，从早上5点排到晚上11点。看那架势，恨不得再多贴几张便笺来提醒自己。

有次我问他："你安排了那么多事，做完了多少呢？"果然，他跟我倒苦水说，他能做完的连一半都不到。

其实我非常理解也赞成Eisley这种努力的态度，但是光努力是不够的，做好事情还需要科学的方法。每个人的时间和精力都是有限的，而且你时刻都要面对工作和生活中的意外插曲，不给自己预留时间去面对这些意外，它们就可能会变成阻碍你完成目标的绊脚石。

对于新手来说，我们一般需要把每天的时间预留 40%，也就是每天不能安排得太满，以避免意外的事情插入，导致混乱。之后再逐渐地把预留时间缩减到 30% 甚至 20%，最终能够做到计划时间和实际执行一致。

当然，在效率手册上解决这个问题也非常简单。你可以给列表中的每项任务都标上权重，例如可以用 1～5 分进行标注。不要像某些书籍建议的那样使用 1～10 分进行标注，因为大多数情况下，人们很难那样精确地分辨事情的重要程度。

实际上，我认为对大多数人来讲，用“1、2、3”已经足够，因为这种设计基本上就可以代表事情的重要程度了。如果分得太细，反而不好把握各种微小的差别而导致浪费时间。

当你列表上的某件事非常重要的时候，你就标上大数字，意味着需要多预留时间。当你为每个任务都预留了时间，若真有计划外的事情发生时（这是必然会发生的事情），你便可以做出及时调整，减少内耗。

这一生很长，却又很短，对自己的时间负责就是对自己的人生负责，如何过好每一天就是如何过好你的一生。

5 时间评估

总结是为了快速奔跑

我认识一个姑娘，几乎每晚都发朋友圈说自己工作很辛苦，又加班到晚上 10 点。结果加了一年班，她的年末绩效却是个 C。不仅如此，工资还从 6000 元降到了 5500 元。

这位姑娘天真地以为是自己还不够努力，于是继续天天加班，下班时间从晚上 10 点变成半夜 12 点。有一天，领导找她谈话。她以为是自己加班有了效果，满心欢喜地等领导开口提升职加薪的事，没想到，领导却以工作拖沓为由辞退了她。

她愤愤地问我："你不是经常采访那些成功人士吗？他们加班吗？"

这位姑娘似乎搞错了一点：成功人士确实都很拼，加班对他们而言也是家常便饭。但和她不同的是，成功人士从来不会为了加班而加班。因为无效的加班只不过是在浪费时间和公司资源。他们必须确保自己的每一个小时都创造出最大的价值。

这也是我们要重视和学习时间评估的原因。我们常常听说教学评估、资产评估、安全评估，却很少有人说时间评估。其实，就像我们平时做完一项工作后，需要评估自己的表现一样，时间评估需要评估你的**时间敏感度、时间品质和时间效率。**

有效的时间评估，能帮助我们复盘自己掌握时间的能力，做任何事情都能游刃有余。

那么，具体怎么来评估、操作呢?

第一点，时间敏感度。只有对时间的流逝保持高度的敏感，才能成为一个有效的时间管理者。

对此，有一个小技巧，那就是设置手机的倒计时壁纸。比如，距离考研还有一个月，手机壁纸上醒目的倒计时数字，就会时刻提醒你完成目标的时间，从而让你产生紧张感，促使你尽快完成复习目标。

可是，为什么不选择电脑壁纸呢?英国有家研究机构做过实验，每个人平均一天大概会打开 270 次手机，但你肯定不会这么频繁地打开电脑。你看到手机壁纸的频率越高，给自己的心理暗示也就越强烈，去完成目标的动力也就越足。

当你对时间更加敏感之后，你就可以对不足的地方做出调整，才会有机会找到可以利用的时间。而当你认真关注、记录时间的流逝时，你才会开始把时间当作一种转瞬即逝的资产。

所以，设置手机壁纸这件事虽然看着不太起眼，但如果用得好，就会带来意想不到的效果。我在自己的几个微信公众号上都设置了这个功能，比如“下班加油站”，只要你输入当天日期，例如 2018.03.12，立刻就能跳出打卡壁纸和目标激励壁纸。

评估好时间敏感度之后，接着进行第二点，时间品质的评估。

在《时间投资：价值时间与时间预算》一文中，我提到时间可以按照高、中、低的质量标准以及可控和非可控的人为干预程度来分类。这些其实就是通过总结和评估得来的，并不是一开始就能得到。

每个人在各个时间段的效率都是不同的，就像有些人早起办事思路清晰，有些人半夜思考更加透彻。我们要把握自己的价值时间，尽量把重要的事放在那个时间段进行。对此，我们可以运用单点突破法和总结笔记来具体实施时间管理的评估与提升。

单点突破法是时间管理的核心。它包括计划—实施—总结—评估—再次计划这五个步骤。

我们在效率手册上进行记录，这个过程其实只完成了从计划到实施的过程，时间管理仍然不完整。试想如果我们一直在婴儿状态的话，我们能有现在的进步和成长吗？显然不能，所以我们需要做累加性的法则，让这个循环能够越来越快，越来越良性。

做完了加法以后，我们怎么做减法呢？单点突破法中，最重要的步骤是从总结到评估到再次计划，这时我们可以拿出总结笔记，将真实发生的情况跟计划发生的状况做减法。在做减法时，我们就会发现自己在时间管理上到底是成功了，还是失败了。

另外在时间品质中，还有非常重要的一点，就是评估我们的碎片化时间。

本来我并不看好碎片化时间，因为它属于不可控的低质量时间。在这一个个被切割得很零碎的时间里，我们不能奢求做重要的事。但是，我们有很多看起来不重要但经过积累却产生惊人之效的细碎事情需要做。那么用碎片化的时间来做这些事情，就再合适不过了。

在效率手册上，把那些在任何时间段都能做的事情列举出来，比如，听几分钟喜马拉雅的课，背几个英文单词，甚至看个美妆视频学习化妆等。这些列举的事情都能在你的碎片化时间里完成。

每天额外几分钟的学习，却能带来惊人改变。“不积跬步，无以至千里；不积小流，无以成江海。”这就是利用好碎片化时间所带来的意外之喜。

最后，我们需要评估自己的时间效率。

要知道，大量的时间浪费都来自我们的优柔寡断。

我有个选择困难症的朋友 Lily，做每个选择都需要“反复斟酌”。比如中午时，她决定订个外卖。打开手机 App 后，她点开一家首页推荐的商家，浏览一遍菜品后又退出来，然后再浏览下一家的菜品。结果把所有商家推荐都浏览完了，她还是不知道吃什么。而那时距离她定下“订外卖”这个目标，时间已经过去了 15 分钟。

于是她想，反正时间还早，把手头上的事处理好了再想想中午吃什么。于是，20 分钟后她再次打开手机，又浏览了一遍同样的信息。其间她在犹豫中又选择去了趟洗手间，然后又刷了一会儿朋友圈。

我本以为她今天应该是吃不上午饭了，但好在，她终于在定下目标的 1 小时 10 分钟后，订了外卖。显然，Lily 的时间效率评估得分就比较低。订外卖这件小事，她居然犹豫了 1 个小时才完成。

我们要记住，一旦决定了一件事，并且清楚行动步骤，如果可能的话，要马上采取行动。对于任何能在两分钟或者更少的时间内完成的事，要立即去做，不能拖延。

拿我自身的例子来说，早在 2013 年我创业的时候就想做一个咖啡品牌。于是经过一系列的学习借鉴、市场分析、消费者调研、品牌定位，我终于创立了“极北咖啡”，希望它能成为青年助推器，帮助数十万青年实现早起这个目标。

到了 2016 年，很多人开始做微信课程平台，那时候我正好有师资方面的资源优势，于是“下班加油站”诞生，现在甚至做成了手机 App，成为职场内容干货在线学习平台，帮助青年养成好习惯而有效学习与发展，增强就业能力和职场竞争力。后来下班加油站因其对人才发展工作的特殊贡献，还获评政府人才工作重大项目。

大多数人心里明确时间管理的重要性，但为什么没有去做呢？这值得我们好好反思。也有人会质疑时间管理到底值不值得，实际上，当时间管理积累到一定价值时，它就会告诉你值不值得。

6 效率觉醒

自律给你自由

前面几篇文章探究了如何通过时间管理去节约时间，那么省下来的那些时间，我们能在单位时间内做更多的事吗？这就好比我们勤俭持家积累了一笔财富，但怎么才能让这些财富发挥它最大的价值呢？

这就涉及“效率”一词，通过效率管理使单位时间的价值达到最大化。要做好效率管理首先要做的就是效率觉醒。

很多人也许会觉得奇怪，为什么不直接讲工具和方法呢？因为再厉害的工具也不过是外在的辅助手段，人们最难突破的是自我认知和思维习惯，就像我们永远叫不醒一个装睡的人。如果没有先认识到效率的重要性，激发内心的自律意识，再多的工具和套路都是无用的。

所以，我们首先要搞清楚“效率”到底是什么。

2017 年，我为宣传新书举办了“百城百校”系列演讲活动。每一站我都会逼着自己换不同的主题演讲。有一次演讲，我记得特别清楚，现场气氛异常火爆。那场我讲的主题是“高效率人士成功的背后”。似乎人们都爱听这类主题，都想知道成功是否有捷径可走。

其实，高效率背后体现的是一个人单位时间的货币价值。如何理解呢？意思就是，如果我们能用一小时做越多或越重要的事，那么我们的时间就越有价值。所谓成功人士的捷径，无非就是在节省时间的同时，提高了时间效率。

比如，一个人月薪一万元人民币，那么他每小时就值10000/30/24（注意，这里一定不是法定工时，而是你每小时值多少钱，因为即使你睡觉，也需要还房贷，也在消耗物资），也就是你一小时值不到 14 元。那么我们就要思考，如果我们的人生效率是一个水平线，做什么样的事情，会让自己增值，做什么样的事情会让自己贬值呢？

比如，刷朋友圈、闲聊、看电视这些活动可能都在水平线以下，但学习、工作、运动以及正念，就会让自己的单位时间货币价值增加。所以我们需要思考的一个基本点在于，如何让自己增值以及是否可以做到让自己始终增值。

我有个律师朋友，初出茅庐时，经常会被指派一些前辈们不愿做的案子。这些客户往往比较麻烦且耗费时间。我那位朋友一方面为了多些机会锻炼自己的能力，另一方面希望能多赚一份钱，于是经常一边开着 A 项目的电话会，一边写着 B 项目的法律意见书，同时可能还正在机场候机，准备为 C 项目出差。

不夸张地说，在他高效处理多个项目的同时，他单位时间的货币价值可能已经达到了几万元甚至几十万元。那他是怎么做到的呢？对此，我总结出两个方法，**限定时间和为意志力充电。**

第一个方法：限定时间。

在任务完成之前或时间用完之前不能停止工作，这就是限定时间的本质。限定时间会给我们营造一种紧迫感，刺激我们加速完成任务。

仍然以我那位律师朋友为例。有一次，一个案子需要他临时出差，为了尽快熟悉材料，他给自己制定了这样一个时间限制：抽出交通过程中的两个小时，必须完成案子的准备工作。

于是他乘上高铁后，立刻掏出文件从头到尾看了三遍，思考怎么向法官构建事实，以及法官可能会提出什么问题，对方律师又会怎样出招。他在脑子里模拟了好几遍，并做好记录。中途他还打了三个电话，一个是向客户确认事实情况，一个是打给工厂了解案子的最新进展，还有一个是打给他当地的律师朋友，摸一摸对方律师的底，所谓知己知彼才能百战不殆。

而同样是坐高铁，他身边一直在看剧、嗑瓜子的女孩子，估计怎么都无法想象同样的旅程，同样的时间，这两个小时内她旁边的乘客，已经捋顺了一桩可能涉及几百万元资金的案子。显而易见，这就是每个人单位时间价值的不同。

话说回来，那为什么是两个小时呢？那趟出差的高铁实际上全程需要3小时，而且到站后，距离开庭还有一段富余时间。我那朋友为什么要这么逼迫自己，非要提前在这么紧张的时间内完成任务呢？

那是因为一个人不可能不间断地工作，每个人的专注力每小时也就只有十几分钟。短时间工作比连续多个小时工作更容易让人接受，且效率更高。换句话说，明明两个小时可以高效完成的工作，如果分摊到了3个小时，一方面时间压力减小，效率会降低；另一方面，为什么我们不用节约下来的时间做更多的事呢？

所以，这也告诉我们一个窍门，就是不要给自己的限制时间设置太长，如果我们给自己一下午或者是一整天的时间，反而容易因为时间富足而造成工作拖沓。

当我们工作的时候，不妨也可以设置一个短期的限制时间。在这个时间内，清理桌子，关上收件箱，充满仪式感地专心工作，相信一定会有特别的收获。

第二个方法：意志力充电。

就像上面提到的，每个人能集中注意力的时间是有限的，我们要争取在限定时间内提高效率。但要知道，随着时间的流逝，我们的意志力也在消耗，效率也开始渐渐降低。

这就像我们跑 3000 米一样，越靠近终点，越难以坚持，只要大脑稍一犹豫，疲惫的双腿可能就会放弃奔跑。我们的身体就是这么诚实。

那么，当我们的意志力濒临极限时，我们应该怎么办呢？

正如肌肉可以通过锻炼增强，意志力虽然是有限的，但同样可以依靠锻炼的方式来提升。每次想要停下工作时，就告诉自己再坚持 10～15 分钟，给自己加油鼓劲。反复几次，我们就会发现自己在不断超越身体和意志的极限。

上初中时我身体特别不好，跑步这项运动对我来说十分困难。但是为了身体健康，我还是坚持每天跑一点点，而且每一次我都逼自己多跑十米。日积月累，我发现自己可以越跑越久，甚至成了学校的长跑比赛的亚军。

现在我打泰拳也是一样，每次当我累得受不了的时候，我就告诉自己再多坚持十分钟。就是因为这每次多出来的十分钟，最后我的锻炼可以收到之前难以预料的效果。

同样情况的还有我的那位律师朋友，他也常遇到意志力不济的情况。比如，午后人总是容易犯困，他也想像别人一样午休，而不是没完没了地看各种案子；再比如出差时，身边的乘客有的看电视剧，有的打牌，他也想像这些人一样悠闲，而不是盯着电脑，太阳穴突突地疼，脑子也开始犯晕。

但越是这个时候，他越是告诫自己：再坚持 10 分钟吧，把这份案卷看完就好。下一次遇到同样的情况，他就能在这基础上再多坚持 5 分钟。反复锻炼几次自己的意志力后，我那朋友发现他的单位时间效率明显提高了很多，高效做事变成了一种不费力的习惯。这就是意志力延伸带来的好处。

当我们拥有了更多可以支配的自由时间，唯有高效，才能让时间价值最大化。想要提高效率，我们首先要做的就是唤醒自己的自律意识，了解高效背后的意义，学会限定时间和延伸意志力。做好了内部的自我约束，我们才能进一步借助其他外在方法和工具来强化认知、提高效率。

7 效率环境

排除一切干扰因素

在《效率觉醒：自律给你自由》一文中，我提到了如何让效率觉醒。我提出，高效的意义在于时间货币价值的体现，我们一个小时能做越多或越重要的事情，我们的时间就越有价值。

在本文中，我们要在效率觉醒的基础上，再往前跨一步，探讨在效率管理中如何排除干扰因素，创造“能让人专注”的环境，辅助我们实现自我约束。

为什么环境这么重要呢？那是因为有些人生来就顺从于环境，环境是什么样，他可能就成为什么样。我们从小就听过孟母三迁的故事，从坟地到集市，再到学堂，孟母选择了适合学习礼仪和知识的环境，这才成就了后来的孟子。由此可见，环境的力量不容小觑。

我陆续发起的“早起社群”“又忙又美大赛”“下班加油站”“通识教育模块”“技能教育模块”等项目，都体现了“效率环境”的理念。相比内在的自我约束，外在环境更方便人为控制。就像我们一心想认真工作，但是身边的同事要么在打瞌睡，要么就拉着你聊八卦。这些干扰都是客观存在的，但我们可以寻找方法有效避开。

排除外在干扰有 3 个技巧，这些技巧都不复杂，大多贴近生活，只要培养习惯就能完成。它们分别是：

第一，心理暗示法。

第二，做出公开承诺。

第三，与高效能人士同行。

第一个方法，心理暗示法。

熟悉我的朋友可能都知道，我有一套红色“战袍”，在很多场合都亮过相。称它“战袍”，是因为它陪伴我度过了每个状态欠佳的时刻，带给我幸运的能量，一次次帮助我化险为夷。

相信很多人肯定也做过同样的事情，比如面试前涂上自己的幸运口红，考试带上自己最喜欢的铅笔等。我们都倾向于相信：当自己穿戴着这些配饰，或者看到这些东西时，我们会有好运气，至少一定会有好心情。

这些情况，都反映出正确使用信物进行心理暗示，能够稳定人的情绪。这并非单纯的经验总结，医学界曾给过科学的论证："人脑会自动产生内啡肽和镇定素，这些化学物质对于镇定有特殊效果。当一个人受到良好的心理暗示时，上述物质就会增加分泌，让人稳定下来。"

其实，创造效率环境也是如此。当我们被外在环境干扰时，情绪会不稳定，就会导致注意力不集中，效率降低。那怎么通过心理暗示法来排除干扰呢？

我刚创业时，为了提高自己与合作伙伴还有员工的沟通能力，我专门写了"情商＝真诚＋换位思考"的标语，贴在我家屋门上。每天出门穿鞋的时候，就大声朗读一遍。

此外，我还收集过许多励志语录，比如"坚信坚持的力量""永不退缩"等，有的做成便笺贴在书桌上，有的做成屏保天天看。或者将目标列成表格，放在我一眼就可以看到的地方，时刻刺激自己提高生产率。正是这些方法，陪伴我度过了创业中的艰难岁月。

除此之外还有哪些心理暗示技巧呢？我们不妨可以尝试关掉电脑收件箱的通知以及弹出窗口，把桌子上一切能够分散注意力的东西都收走。甚至可以在门上贴上"禁止打扰"的标语来彻底屏蔽噪声。这些举动就是给自己创造一个封闭的专注环境。

第二个方法是做出公开承诺。什么是公开承诺？如何做出公开承诺？也就是让他人知道自己的专注时刻和目标，让身边的人监督你。

实践证明，这样做是非常有效的。每周工作日我都会抽出一点时间去打泰拳，而这个行程我都会让助理告诉公司的同事。这样所有人都不会在这段时间内给我发信息，我就能集中精力做运动。此外，十八年以来我一直坚持 5 点早起也是众所周知的事。在这段可控又高质量的时间里，也不会有电话和短信进来干扰。

我们需要让身边的人清楚我们的时间规划，然后严格按照规划去执行。这样我们才能构建一个由自己掌握主动权的效率环境。

比如，我们常在朋友圈或微博晒图片，那为什么不把自己的目标计划和时间安排也晒出来呢？我想完成什么目标，在什么时间范围内完成，具体计划是什么，我要如何激励自己完成，如果我没有完成会如何，等等。把这些都告诉身边的人，一方面是提醒他们：在接下来的这段时间里，我要专心做这些事，所以如果不是特别重要的事，就请大家暂时不要联系我啦；另一方面，也是让他们来监督我们。当他们问起我们的目标进展，我们总不想被身边的人围观嘲笑吧？有了这样的舆论监督，谁还会继续原地踏步呢？

第三个方法是，与高效能人士同行。

古人常说："近朱者赤，近墨者黑。"和什么样的人交往，会影响我们的性格塑造和行为方式。

我认识一个女孩，她 24 岁之前从来没有接触过画画。有一次，我们办了一场线上思维导图课，她正好是观众。没想到，那次课程竟然激发了她内心学习画画的冲动。于是她从零开始学习绘画，投入了很多时间，但可惜的是始终没有进步。

后来有次机会，我们线下活动邀请到了很多在思维导图方面颇有建树的专家。我特地给这个女孩发了邀请函，活动中我把她推荐给了几位老师。半年之后，在老师的言传身教下，女孩画画技巧提高很快，最近还在朋友圈晒出了自己获奖的作品。

由此可见，与谁同行可能决定了我们的未来。如果想要成为一名高效能人士，那我们要时刻提醒自己，避免跟怠惰的人接触，多跟目标一致且坚持实践的人接触，向他们学习并获取经验。这是提高效率环境质量最重要的一点。

每个人都有惰性，当我们周围有很多“懒汉”时，就会发生连锁反应。他们可能会让我们对自己的梦想产生质疑，从而导致失去实现梦想的动力和信心。

而努力在人群中寻找和我们有相同目标的人，哪怕是竞争对手，他们都能带给我们一笔精神财富。他们的努力就是我们的动力。有的时候我们并不具备某个好习惯，那不妨去结交一些具备这项好习惯的朋友，看看他们能否帮助自己。

对于如何创造效率环境，排除干扰因素，我们总结出心理暗示、做出公开承诺、与高效能人士同行这三大方法，在追求梦想的道路上，只要坚持不懈，每个人都有成功的可能。

8 效率提升

三大方法告别拖延症

我的团队中有个项目组叫立德人物组，专门负责收集人物的硬本领，为粉丝打造七个人物法。团队在准备达·芬奇人物稿的过程中，发现了一件非常有趣的事。

这位天才是史上最“极品”的博学者，同时涉足建筑、解剖、艺术、工程、数学等多个领域。但兴趣的广泛也导致他精力分散，他没办法把目标、精力和时间都限定在条条框框里。于是，为了追求完美和陆续涌入的新灵感，众所周知的名画《蒙娜丽莎》他画了四年才完成，《最后的晚餐》他用时三年，并且都严重影响了客户关系。

最终达·芬奇传世画作不超过20幅，其中有五六幅直到他去世时还压在手里没能交付。达·芬奇本人也为此苦恼，他在一则笔记中写道：“Dimmi，dimmi se mai fu fatto cosa alcuna.”（告诉我，告诉我，到底有哪样事情是完成了的。）

达·芬奇的这种挫败感，和我们这群饱受拖延症困扰的当代人又有什么不同呢？那么，连伟人都会有的拖延症，我们要如何克服？

我们可以通过以下三个方法来具体提升效率：

首先是自我协定，其次是压缩时间，最后用压力刺激效率。

第一点，自我协定。

什么是自我协定呢？通俗讲，就是自己和自己的约定。我们要时刻提醒自己不能模糊事情的性质，一天的任务清单里，只有“要做”或“不要做”的事，而不是“应该”或“不应该”做的事。这些判断可能在我们脑海只是一瞬间，但却决定了我们是否会拖延。

我在《时间评估：总结是为了快速奔跑》一文中，提到过我有个具有“选择困难症”的朋友 Lily ，天生的天秤座典范，习惯性犹豫不决。有一次她和我约好下午 6 点一起吃饭看电影。挂完电话，我当下就订好了餐厅和电影票，最后她却迟到了。

迟到的原因很简单：午睡到 4 点后慢悠悠爬起来洗了个澡，5 点开始纠结自己的穿衣打扮，用哪支口红，穿哪件风衣，背哪个包。磨叽到临出门时，还把鞋柜里的高跟鞋都拎出来试了一遍。

终于，在 6 点半时才出了家门。要知道我们的约定可是下午 6 点在餐厅见。很显然等她赶到我们约好的餐厅时，电影都已经开场了。所以那天，我狠狠地训了她一顿。

当然不是真的骂她，只是这样的事已经发生了很多次，而且不乏特别重要的事情因犹豫不决而毁于一旦的情况，因为犹豫不决和男朋友分手，因为犹豫不决失去了很重要的合同。我说："Lily，你从来没有意识到犹豫不决给你的人生带来了多大的阻碍吗？你总是把'我应该怎么样'挂在嘴边，而从来不说'我要怎么怎么做'，这两者的区别会给你的工作和生活带来很大的不同。"

同样的道理可能也适用于犹豫不决的大多数人。当我们开始处理任务时，是不是也会有"我应该怎么做？"或"我应该可以等会儿再做"的念头？当我们把这件任务划到了"应该或不应该"的范畴，就预示着我们正在拖延。

所以这时候，千万不要顺从自己的心意，而是要将目标和工作具体列出，在每件事旁写上相应的原因。这样我们就会清楚地看到，列表上没有任何"应该"，只有"要"与"不要"。我要做这件事，所以我会给自己设置时间限制，逼迫自己去完成它，毅然决然，毫不拖泥带水。

就像我那位朋友 Lily，如果她的想法是"我要 6 点到餐厅"，所以为了这个目标我要几点起床，几点化好妆，几点必须出门，如果这些都被设定了时间限制，那么那天她就不会迟到。

这样一来，换一种思路，每一项目标和任务都变得清晰起来。改变拖拖拉拉的自己，做个能决断的人不是更酷一些吗？

第二点，压缩时间。

关于提升效率，最理想的状态大概就是将那些没价值但占时间的事情列个表格，然后在第一时间内把它们都剔除掉；或者将那些导致你拖延的习惯全都摒弃，比如追剧、打游戏、刷朋友圈、看小说等。这样我们似乎就能全身心地投入目标实现中了。

但有人或许会说，这些都丢掉了，生活还有什么意思？那么，我们就要养成压缩时间的习惯。

很多人特别惊讶我每天出门只要 30 分钟。吃饭、洗澡、化妆等，我是如何在短时间内就完成的呢？我的回答是，让单位时间能够产出最大效益，让机械性运动重复，高效缩短时间。

首先早饭我得依靠家里的阿姨帮助完成，此外洗完澡立刻贴面膜，像化妆这样的事往往经过反复操作，我们就会越来越熟练，速度也就越来越快。把一连串的举动严格控制在 30 分钟之内，每件事都有效完成。

我再打个比方，如果爱玩游戏这个事情不能完全戒除，那我们可以缩短游戏时间，或者利用碎片化时间进行。如果爱看剧，不妨把它们下载下来存在手机里，利用等地铁、去厕所的那些时间进行。这样，我们就能把所有有效的时间，都投资到对自己目标有产出有价值的事业当中。

第三点，用压力刺激效率。

效率是可以被训练出来的，它也是人体的一个机能。即使有时候我们需要做一件不喜欢的工作，仍然要逼着自己完成，这是训练效率提升的好时机。

我们公司新来的实习生刚开始都特别怕我，因为我是喜欢把他们逼到绝境的那种老板。若某员工不擅长写文案，我就要求他一天交出两篇像模像样的稿子；如果不知道如何在社群中发言，我就要求他一天单独和100个陌生人交谈；如果不懂摄影，我会要求他一天之内熟悉拍摄技巧，交出一份简略的成品。

也许有人会觉得我对员工很残忍。我残忍吗？很多事情其实我们都是第一次做，也一路慢慢成长。包括人生，我们都是第一次经历。虽然实习生是新人，但我不会把他们晾到一边而任其浪费成长的最好时机。作为多吃了几口盐的前辈，我希望能以自己的经历给新人一些启示，不让他们多走弯路。尽可能让他们在短时间内接触各个岗位，然后发现自己的特长，找到属于自己的高效的做事方法。

所以我的实习生最后跟我说：“萌姐，和我同期的同学相比，我进步真迅速！”我非常开心她对我这么说，这种肯定再次让我坚信压力刺激效率的方法。

我们每个人都不要放弃工作中任何一次提升效率的机会，尽量安排更多的工作，让自己在单位时间内可以做更多的事，做到时间价值最大化。

利用自我协定、压缩时间和压力刺激效率这三个方法提升效率，告别拖延症，不仅仅是很多成功人士的经验之谈，大多数人都会行之有效。但所有的方法都取决于我们是否真正下定决心。对于心意坚决的人，一两种方法可能就足以奏效；但对于那些貌似想改变，实际上还心存犹豫的人，再好的方法最后也逃不过浅尝辄止的结局。

高效是一种节约，希望我们每个人都能拥有节约且高效的人生。

第二章 认知管理

PART ②

9 知识焦虑

什么值得学

最近公司新加入一位 90 后的同事，叫阿飞，这几天他状态不好，总说自己非常焦虑，甚至严重到脱发的地步。想来他这个年纪并没有天大的事情压在身上，那他究竟在焦虑什么？

阿飞说，最近和朋友聚餐时，发现好几个一起毕业出来打拼的兄弟，三四年的工夫竟然都小有所成，如今他们之间谈的都是价格锚点、杠杆理论、股权融资。对比之下，焦虑感就瞬间涌上阿飞的心头。他发现自己的知识储备和眼界，和他们相比差了不是一星半点。

于是，阿飞下定决心要给自己好好充充电。每天上班路上，听一听行业专家的知识内参；工作之余，逛逛新媒体大号，拿出笔记本记下圈内大事；临睡前，他就刷一会儿知乎，读一读信息流里的回答推荐。就这样，看似无比充实的一天过去了。

但这样究竟有没有效果呢？很快，阿飞就发现，他开始疲于接受和消化这些信息。东一榔头西一棒槌的学习方法，并没有完善他的知识体系。现在的他，反而更迷茫了。他不知道该不该继续学，甚至不知道自己到底要学什么，怎么去学。

听完阿飞的困扰，我就在想，这何尝不是我们现在都会面临的困惑呢？当下是个知识爆炸的时代，但似乎也是知识焦虑的时代。看着身边的人越发上进优秀，自己也想追赶效仿，结果闷头学了很多碎片化知识，却依然没有效果。于是，我们陷入自我怀疑和知识焦虑，担心自己越来越落后，而被这个时代抛弃。正如张泉灵所言，当一个时代打算抛弃我们的时候，连“再见”都不会跟我们说。

那么，要如何才能克服知识焦虑，增加自己的知识积累，丰富充盈我们的知识体系呢？面对这个折磨人的难题，我们需要进行知识管理。

知识管理就是通过收集、整理知识，有效地产出结果，解决问题。如果知识没有帮助我们达成目标、解决问题，那么知识就没有发生效力。

知识管理的第一步，是弄清楚到底什么知识值得学。对此有**三条判断知识价值的标准：**

第一，区分知识和信息。

第二，区分知识与表演。

第三，从自己的实际出发。

首先，如何区分知识和信息。

我每天都需要看很多文章，比如新闻 App、微博微信、自媒体大号的文章以及公司各部门提交的各类总结。简单来说，就是每天要看很多信息，并将之处理、消化。

新同事阿飞知道以后，也曾很激动地问过我："萌姐，你能不能给我也推荐一些信息，我也想增加一些知识。"

给他推荐当然没问题。但问题是，他似乎并没有明白：知识和信息并不是一回事。

从新闻的角度来看，信息是为了消除不确定性，是真实且有时效性的。比如今天哪家公司要上市，哪家公司的高管即将跳槽，如果我们不知道这些信息，可能就会被竞争对手超越，或者我们看中的人才就会被挖走。

但知识是经头脑处理过的个性化、结构化的信息，并没有时效性。就好比我们学过的牛顿定律、勾股定理，它们很早之前就存在，并将一直存在下去。这些就是知识。

那为什么要清楚这两者的区别呢？因为在进行知识管理时，我们要处理的对象正是这些知识，而不是我们大量囤积的信息。

要知道，对于一个领域的成功人士而言，他们可能更关注的是信息，那是因为他们已经有了多年的专业知识储备，所以信息对他们而言更重要。但是相比之下，对初出茅庐或正准备职场晋升的人而言，他们没有相关的知识和经验垫底，信息对其来讲几乎无用，知识学习反而更加重要。

明白了这一点，我们可能也就明白了为什么阿飞那么努力，反而越来越焦虑。因为他错把信息当作知识，结果囤积了一堆可能转身就忘的信息，却找不到任何可以发挥的空间。所以，不管是阿飞还是可能面临同样问题的其他人，这时都应该花更多的时间来沉淀自己的知识，不管是硬本领，还是软技巧，都需要构建一个完整的知识体系。

第二，区分知识与表演。

也许很多人会奇怪，知识和表演这两个词怎么会放在一起？我在前面的文章中提到过，今年为了新书出版，我在全国各地举办了“百城百校”系列演讲活动。每次演讲前我都会事先把要讲的主题录好，反复练习检查。我的助理跟我久了，也已经把我要讲的理论听得烂熟。她说：“萌姐啊，我觉得我闭着眼睛都可以讲你的理论了，要不下次课我先替你去说一段？”

我对此感到十分新奇，当有个学生来问问题的时候，我就让我的助理去回答了。还别说，她讲得真不错，洋洋洒洒，也没什么错误。只不过，后来那个学生又追问了一个专业问题，助理就有点儿答不上来了，于是我赶紧打圆场。

其实很多人可能都会有和我那位助理一样的问题，在掌握真正的知识之前先学会了表演。但这种表演，对我们往往没有太大帮助。所以我们一定不要掉入表演家的知识陷阱。怎么理解这个陷阱呢？

1929 年，英国著名的数学家、哲学家怀特黑德在哈佛大学任教期间，发表了一篇对现代教育影响深远的文章——《教育的目标》(*The Aims of Education*)。文章中他发明了“惰性知识”一词，以形容那些缺乏生命力、没什么实际用途、碎片化的知识。

就像我们常看到的鸡汤文，就属于惰性知识的一种。听起来很高大上，但是有用吗？听过几百遍鸡汤道理，依然过不好这一生。还有我们平时打开网络随处可见的职场新人宝典、企业家修身理论，屏幕一关，我们的大脑还记得什么呢？这些都是我们常见的惰性知识。

那么，避开惰性知识，我们要学些什么？答案是，核心知识。这一类知识，在我们大脑中已经初成体系，有条有理，而且足够实用，能够切实指导我们的工作和生活。

举个例子，我自己的理论体系是我根据实践经验总结而成的，这就是我的核心知识。哪怕每次演讲的内容不变，但无论听众提什么变化多端的问题，我都能从自己的知识框架里顺利提取答案。这便是核心知识和惰性知识的区别。

接下来，我们来说最后一条标准，从自己的实际出发。

在现实生活中，我们每个人的时间和精力都有限，对知识的价值判断也并不一定成熟，那应该怎么办呢？对此有一个小技巧，那就是学会站在专业人士的肩膀上，利用他们的专业判断来帮助我们选择知识。

比如付费知识。这并不是因为我本人做付费内容，所以才自吹自擂、夸付费内容有多好。而是我们都知道，在碎片化时代，原有的、自主搜索的学习方式太过低效。

除非能确信自己有足够的能力，可以在泥沙俱下的知识市场中，甄别出知识的信度以及效度。不然宁愿多交一点点学费，让在某领域内更专业的人士为我们筛选，这样既能提高我们的自我输入门槛，也能确保学到的知识更有价值。

当然只是借助这些人还不够，我们还需要结合自己的实际需要，问自己四个问题：第一，这些知识能不能提升我们某项技能？第二，它是否有助于我们实现目标？第三，它是否能与我们原有的知识体系擦出火花？第四，它是否满足了我们对世界的好奇心？

问完自己这四个问题，这些知识对我们会产生多少价值，值不值得我们花费时间和精力，我们就了然于心了。

在信息爆炸的时代，知识筛选和知识系统的构建就显得尤为重要，对此，大多数人很容易产生知识焦虑。而知识管理正是解决这种焦虑的有效方法，通过区别知识与信息以及区别知识与表演，从自己的实际出发，构建属于自己的知识体系和认知体系，方能在知识决定人生的时代，对万事应对自如。

10 知识获取

如何兼顾广度和深度

写这篇文章之前，我在公司发起了一个小调查，想了解同事们都是如何获取知识的。于是，我前面文章中提到过的实习生 Amanda，自告奋勇要来和我分享她获取知识的经验。她正在利用业余时间写小说，每次写作之前，她都需要收集很多资料。

她把小说背景设定在宋朝，为了了解宋朝的官制还有风俗，她花了不少时间在网上收集资料。甚至为了考究宋朝人穿着打扮上的细节，还特意买了很多关于古代服饰艺术的书。

确实，现在是互联网时代，获取知识的途径有很多，似乎也都不难。但真正获取的效果如何呢？这一问，戳到了 Amanda 的痛处，她拉着我开始吐槽要找到有用的知识有多难。比如，网上的知识大多数都真假难辨，对于同一个问题，浏览了三个网站，每个网站对其讲解都不太一样。再比如，看书过程中，文字晦涩冗长，注意力要么难以集中，要么被其他知识点带偏。如此一来，看似获取知识的成本降低了，但花费的时间却并没有减少，而且真正对自己有用的知识也没有学到多少。

其实 Amanda 遇到的问题，我们在生活中也常会遇到。我们究竟如何才能在知识爆炸的环境中，高效获取对我们有价值的知识呢？

这种时候，我们必须掌握一种知识获取能力，帮助我们从爆炸性的知识中，甄别、判断乃至提取出对我们有用的知识。只有这样，我们的学习才是最高效的，时间才能被最大化利用，我们的大脑才不会被惰性知识占用。

学会知识获取，可以让我们从源头上跨出知识管理的第一步。**我总结出知识获取的四大原则，它们的关键词分别是：简化、速度、容量和深度。**

首先，简化原则。

简化原则就是跳过对自己可能没用的信息，单刀直入，找出自己需要的知识。这要求我们时刻保持头脑清醒，这期间我们不妨问问自己：我这次想要学习的是什么？这些知识到底在讲什么？我能不能用一句话或者一个公式来概括这些知识？

要知道，每个人都会被“可能感兴趣”以及“他人感兴趣”的内容影响。这就好比我们去超市购物，很少有人能做到直奔目标，相反大多数人购物的过程都是“非主动性的”。遇到一些别人都在围观或者抢购的商品，自己就凑上前看看，有时候不管是不是自己现在需要的，都先买下来。

这样的知识获取方式并不可取，它会让我们既觉得疲惫，又没有成就感。因为当我们进行回顾时，就会发现自己对真正想学的东西一无所获。

仍以 Amanda 为例。她常被其他知识点带偏，其实就是没有贯彻好简化原则。在学习一本书之前，她就应该先确立明确的目标：我这次想学的到底是什么？比如她明确了这次的目标是了解宋代女子的穿着打扮，那打开书的目录后，就直奔宋代历史而去。

书里或许讲得很复杂晦涩，大段的文字和配图让人眼花缭乱，这时候就要学会排除、提炼和总结。比如这一篇讲的是女子日常的穿着，有几种类型，分别适合什么样的场合。她在浏览的过程中，就应该在脑中迅速提炼总结出重要知识点。假设接下来一篇讲的是辽金时期的内容，和她这次的目标有关吗？如果无关，那就果断跳过此篇。

所以，总结来看，简化原则需要我们始终紧盯自己的目标，找到围绕目标相关的信息，并用脑补的逻辑架构梳理它，比如思维导图。这样，才能事半功倍。

其次，速度原则。

速度原则，顾名思义，就是加快知识获取的速度或节奏。很多时候，我们获取知识的时间并不宽裕，我们可能需要在短时间内快速学习某类知识。那么，如何提高我们的学习速度呢？

短期来看，提高知识搜索能力是关键。比如要先应用关键词、关键人物、关键事件等进行集中搜索。搜索后，再进一步考证知识来源的可靠性，比如分辨其是一手知识、二手知识还是三手知识，知识的等级越低，越需要亲自去考证。而最快速的考证方法，就是运用社会资本，找到对此事比较了解的人进行求证。

从长远来看，如果想在本质上改善知识获取速度，那就需要增强我们的逻辑构建能力。为什么这么说呢？因为逻辑构建能力可以帮助我们透过零散甚至毫无关联的点，找到其中更深层的联系。要知道，知识的说法和排列顺序可能会有所改变，但认知知识的方法却是相对稳定的。我们可以多读一些训练逻辑思维的书，比如一本很简单易学的逻辑小书《逻辑十九讲》，其中讲到的内容都是关于逻辑基础知识的。

第三点，容量原则。

一年看 100 本书的人，获取的知识自然要比一年只看 3 本书的人多。所以，我们可以将“容量”简单理解为鼓励泛学、多领域积累。当我们想获得一项技能甚至要靠它来生存时，只有积累足够的知识量，我们才能更客观、更深入地审视一个行业，从而认清自己所处的位置。

对这一点我深有感触。我本人是理科生，文史哲知识非常不扎实，所以报了北大光华管理学院的历史班；有一年，我在创业中发现自己需要用到基金管理知识，于是就报了比尔·盖茨创办的深圳国际公益研究院，在那里学习了两年。今年学习情绪管理和知识管理，我一口气买了几十本市面上和这些话题相关的书，基本上能涵盖这两个领域的所有问题。

让我深有体会的是：不管是与合作伙伴沟通，还是在台上演讲，都需要调用一个人的知识储备，我们称之为一个人的综合素质，也有人称为素养。素养平时不会体现，它的积累需要时间加以见证，也需要持续不断做精准的输入才行。

如果容量决定了一个人知识的广度，那么第四点——深度原则，则决定了知识的厚度。

上篇文章中提到我的员工阿飞，一心希望提高自己，却饱受知识焦虑的折磨。他通过各种新媒体大号、微博、知乎、豆瓣等渠道来获取碎片化的知识。这种获取方式过于零碎、不成体系、逻辑性不强，久而久之给他带来的负面后果就是，他越来越缺乏思辨性、系统性、全局性的思考能力。

我们也不妨问一下自己，上一次绞尽脑汁地独立分析一个问题是什么时候？我们的大脑有多久没有真正去思考一些有难度的问题了？我们平时获取的知识是一手的，二手的，还是三手的呢？

很多人可能有些疑惑，手机、房子才有二手、三手，知识难道也有这样的分层吗？当然。

二手知识和三手知识，是大多数人平时学习知识的渠道。二手知识，通常是出版社、媒体等机构，从一手知识中提炼出来的。三手知识最常见的就是社交网络上发布的那些文章以及他人通过演讲等形式对一些畅销书的解读。

这些知识或许平时够用，但如果你真的想学好、学精，成为某领域的翘楚，那这些知识肯定是不够的，甚至只是九牛一毛。我们必须去读该领域最前沿的专家文献，学习一手知识，甚至参与到一手知识的创造中去。

但是有人或许会说，这些专家们的话语体系，与我们目前的知识体系恐怕都没有接口，因为他们的东西都太晦涩难懂啦！于是，我们就止步在一手知识的大门前，打算放弃。其实这是非常错误的想法。我们完全可以在二手或者三手知识的基础上，慢慢接受一手学习，开启认知的新入口，再由浅入深快速打造出自己的硬本领。

在知识决定人生的时代，我们如果坚持知识获取的四大原则——简化原则、速度原则、容量原则和深度原则，就能快速高效地获取我们在生活和工作中所需要的知识，从而构建和丰富自己的知识体系，以应对瞬息万变的世界。

11 知识分类

如何构建自己的知识宫殿

知道如何获取知识仅仅是万里长征的第一步，当我们获取了大量知识后，如果不进行有效分类，我们的大脑就会像杂货间一样杂乱无章，我们无法立刻从杂货间中快速找到想要的东西。知识也是如此。所以，我们应该学会知识分类。

比较常见的知识分类法有三种：

第一种是根据知识能否被清晰地表述，哲学家波兰尼把知识分为显性知识和隐性知识。但这种二分法比较笼统，我们在生活中较少用到。

第二种是哲学家波普尔提出的。他把知识分为七种：常识、经验性知识、神话传说、科学知识、哲学、艺术和宗教。这个分类比较详细，但是不好记忆。

后来，随着知识经济的发展，经合组织又提出了第三种分类方法。他们把知识分为四类：事实知识、原理知识、技能知识、人力知识。这种分类法比较专业且晦涩，大多数人并不明白，那么我们能把自己的知识分到这四类中去吗？答案似乎是，比较困难。

以上三种知识分类的方法都是横向的、扁平的，仅仅帮助我们将知识贴上标签。但要知道，在知识分类中，给知识贴标签只是最基础的一步，知识分类的目的是使用知识。如果知识分类后，却不方便我们调取，那么这分类工作就失败了。

所以我们需要一种更系统、更纵向的知识分类方法，我把它称作知识宫殿。

什么是知识宫殿呢？它其实就是以目标为导向，纵向划分、搭建知识点来修炼人生硬本领的系统模型。构建一幢知识宫殿需要注意六大要素，它们分别是总量（规模）、结构、程序（流程）、关联（关系）、内外和动态（变化）。

乍听之下有些难以理解，六个要素具体都是什么意思？

我有个学妹叫 Blair，虽然是英文系的姑娘，但一心想要成为一名优秀的调查记者。她平时专业课任务十分繁重，但还要抽出时间来学习新闻领域的知识。此外，为了提高自己的知识储备，她还常常强迫自己读很多新闻领域的书。

有一次我们一起喝咖啡，她拉着我说："萌姐，我感觉现在自己的脑子特别乱。一下子接收了很多知识，脑子就跟毛线球一样，不知道怎么理出一个头绪。是不是我学得太多太杂了？”

答案显然不是这样。Blair 之所以感到混乱，是因为没有找到正确的方法，没有对这些知识进行有效的分类。于是，我就拿出笔和纸，和她分享如何搭建一个知识宫殿。

在搭建之前，我们需要首先明确的一点是，先找到目标。然后以这个目标为导向，分析完成这个目标我们需要具备哪些硬本领。这些硬本领就是对知识进行分类的依据。

搭建知识宫殿的第一个步骤叫作总量，也就是某一领域的总体知识规模，涵盖这个领域的所有知识。这些知识构成了宫殿的第一层楼。

Blair 的目标是成为一名优秀的调查记者。这要求她必须将自己打造成一个复合型人才，具备深厚的知识储备和优秀的业务能力，能采访，会写稿，头脑清醒，逻辑缜密，懂得沟通技巧。这样才有可能在调查中游刃有余。

所以在 Blair 知识宫殿的“总量”这一层楼里，就需要具备刚刚提到的所有知识。不管是口语表达、写作、采访、沟通还是文化素质，她都需要先接收这些知识。

当我们做好第一步，通俗来讲就是打好地基之后，就要**了解宫殿的结构。**与书的目录有些相似，它是竖状结构的。我在《目标建立：个体崛起时代的快速增值》一文中提到的 SMART 法则，也是层级结构。

宫殿的结构，就相当于宫殿的楼层。那这楼层怎么来搭建呢？很简单，就是确定我们要修炼的硬本领，每个硬本领所需要的知识，就共同组成一个楼层。

Blair 需要修炼的本领包括：口语表达、写作、采访、沟通，等等。那么，口语表达相关的知识是一层楼，写作相关的知识是另一层楼，Blair 一层层地往上建，直到修炼成为一名优秀的调查记者，她的知识宫殿也就修建到了顶层。

因为每个人的目标不同，要修炼的硬本领也不同，所以每个人的知识宫殿都是独一无二的。

当我们开始搭建楼层时，可能会碰到一个问题：不知道先做什么，后做什么。这就涉及了宫殿建造的第三步，基本程序。

Blair 在学习各种知识、搭建楼层时，她需要做一番计划。比如，她需要先学习新闻学、传播学、社会学的基本知识，然后进一步学习新闻写作，接下来要了解如何采编。

要注意的是，这些知识的积累不是无序的，而是一环扣一环，一层叠一层。我们需要先盖这一层楼，才能再盖下一层楼。对此，我们可以用单点突破法和刻意练习法，来帮助自己安排这些知识学习的基本程序。

盖好一层楼之后，我们要分配房间。知识宫殿的每一层都会有很多个房间。每个房间都是与这一层的硬本领相关的知识点。

这也是知识宫殿构建的第四步，知识关联。

由于泛学体系的存在，知识之间都是有关联的。比如，这一层楼我们要修炼的是沟通能力，那么这层楼的每个房间，都是与沟通相关的知识。比如 1 号房间可能是沟通中所需要使用的心理学，2 号房间是语言表达，3 号是社交礼仪，4 号、5 号就是沟通中我们所需要的其他知识。当我们与人沟通时，就可以调动这一层楼的知识储备。需要哪些知识，你就去哪个房间找。

除了每一层楼里每个房间之间的内在关联，知识宫殿的每个楼层之间也存在联系。**这就是第五步，知识的内外关系。**

比如 Blair 修炼的口语表达能力是一层楼，写作本领是另一层楼。口语表达的楼层里包括咬字发音、词汇量、故事性思维、逻辑思维等房间；写作楼层则包含了词汇量、语义积累、逻辑思维、阅读能力等房间。

我们会发现，这两层楼之间有一定的联系，都需要积累词汇量，同时锻炼逻辑思维能力。要注意的是，在多层楼中共同出现过的房间，证明了这类知识是我们必须要掌握的基本知识，我们可以回到第一层楼也就是“总量”里，好好地积累一下。

搭建知识宫殿的最后一步，动态（变化）。

知识虽然没有时效性，但是随着时代发展，知识总是在不断更新的。因此，不同时期下对知识楼层和每层房间的要求也不尽相同。换句话说，就是楼层的高度和每间房的宽度都要实时翻新。

我们肯定都希望自己的宫殿能够越来越宏伟。

Blair 想要成为一名优秀的调查记者，那么在未来，面对不同性质的事件，比如经济新闻、环境污染话题，她需要不断地给自己补充知识，扩建自己的知识宫殿。

通过分析，比起理论式的分类，知识宫殿这样的工具模型，是不是更方便我们提取知识呢？首先要找好目标，确定知识总量；其次明确要修炼的硬本领，以硬本领为知识分类的依据，搭建宫殿结构；在搭建楼层时，要注意基本程序和知识之间的关联；最后要实时更新、拓展自己的知识宫殿。构建了知识宫殿之后，就再不会出现“书到用时方恨少”的遗憾了。

12 知识使用

如何调取你的知识

在 2008—2013 年，我依次去了秘鲁、新加坡、美国、印度尼西亚等地参加 APEC CEO 峰会。每到一个地方，我都会给母亲寄一张明信片。

有一次，我正好路过一个博物馆，于是便决定寄博物馆的明信片给母亲。在挑选明信片的过程中，我发现了一个有趣的事。很多人写完明信片后，需要贴邮票，于是一群人围在管理员身边，问胶水在哪儿。而只有一个小女孩，若无其事地在邮票后面抹了些水就贴好了。

一个在女孩身边排队等胶水的大人，看到她往邮票背后抹水很惊讶，问她：这样粘得住吗？小女孩很淡定地说，最近课上老师刚给他们普及了一个知识：邮票的背面都会涂胶，用水弄湿后，就可以粘贴到信封上。那个大人半信半疑，也在邮票后面抹了点水，果然粘住了。但周围其他几个大人，虽然耳闻目睹，却依然坚持排队等胶水。

我在一旁看着很有感触，邮票沾水就可以直接用的道理，我们可能很早就听老师或者父母提过，但有多少人像小女孩那样学了知识就立刻使用呢？

众所周知，知识只有在使用中才能体现出价值，运用知识比拥有知识更重要。只有真正吸收转化了，知识才是自己的。如果这些知识对我们的工作、生活毫无用处，那就是在浪费时间。所以如何学会使用知识对每个人而言都是非常重要的。

我将知识使用分为两个梯度：第一层是学以致用，将我们学过的理论知识和实际应用结合起来，由浅入深地达到熟能生巧的目的。第二层是知识变现，在第一层的基础上，将知识转化为生产力，成为你的摇钱树。

首先，我们来看第一层，学以致用。

以我的《人生效率手册》一书为例，最早我也并不是什么时间管理专家，但我一直以来都是一个喜欢反思总结复盘的人。如果用哲学思维来形容我自己，那我应该是一个具有“归纳思维”的人。

从 15 岁开始，我就使用时间管理的计划工具——《效率手册》，学习时间管理中的应用部分。我也经常在我的灵感笔记中，把能让我获益良多的知识技能，纳入我的知识体系中，从而升级自己的思维。

后来我创办了立德领导力，经常与全球 500 强的 CEO 等顶级成功人士交流学习，从他们的言行中获取经验。将其总结归纳以后，我渐渐可以针对时间管理的相关问题侃侃而谈，并逐渐形成自己的观点和立场，在时间管理领域有了自己独立的声音。

直到 2016 年年底，收到喜马拉雅平台的邀请，开了“人生效率手册”这门课，我发现我在时间管理方面的知识储备，已经可以支撑我去“教授他人”。而在教授他人的过程中，我不断重复训练、巩固、更新自己这方面的知识，成为了所谓的时间管理专家。

所以，当我们学会一个领域的知识并积极在实际中去使用它时，知识的价值就被发挥出来了，我们为学习这些知识所付出的时间、精力也得到了回报。换句话说，在使用知识后，我们的单位时间货币价值提高了。

但是，学以致用说着容易，具体怎么做呢？有没有方便可行的方法？对此，我总结出两个小技巧：启动大脑和知识串联。

首先，启动大脑。

“启动大脑”这个词并不是我发明的，而是“世界大脑先生”东尼·博赞提出的。我印象很深的一部分内容是，他结合眼球的运动与大脑的反应讲述了如何快速阅读。

如果我们仅仅是知道了阅读时眼球如何运动、眼睛如何将所获信息传递到大脑、大脑如何处理信息等一系列知识，我们的阅读能力并不会因为“知道”而获得改善。这和知识使用是一个道理，有些人看了很多书，却进步不大，就是因为他仅仅把知识停留在他的大脑里，而没有真正使用知识，没能发挥知识的使用价值。

所以当我们知道了眼球运动的规律，以及大脑潜力与眼力训练的关系，我们必须立刻将知识转化为可以实践的方法，也就是快速阅读，这样才能有效地提高我们的阅读能力。

然后，知识串联。我们需要把大脑中零碎的知识点串联起来，构成完整的实用知识体系。

熟悉我的朋友可能都知道，我有两个淘宝店。最开始经营的时候，选品、上线、营销、客服等所有项目都只有我一人来完成。结果可想而知，省去开店的基本步骤和装修技巧，光是物品上架就能让人疲惫不堪。

就像一个文创产品，我得先给它拍照，才能上线产品。用手机拍肯定不行，毕竟手机摄像头性能有限。幸好我还有一台相机，于是我拾起了当年大学社团中学到的那些摄影知识，比如怎样找角度、怎样打光、怎样设置光圈等。幸好当时学得认真，时隔多年虽然有点手生，但至少能作救急之用。

然后，商品上线要对其进行描述，也就是销售文案。我虽然学的是英文系，但因为长期采访他人，锻炼了我的文字功底。而且后来我又修了心理学课程，在如何引导消费者的心理以及信任建立等方面，也有一定的知识储备。这些知识对交易中如何与消费者沟通、如何处理售后问题也相当有用。

所以，这些知识虽然很零碎，比如摄影知识、写作知识、心理学知识之间并无明显关联，但这些知识串联在一起后就能帮我们完成一件事。它们组成了一个完整的、实用的、针对我如何开网店的知识体系。

当我们学会了知识使用的第一层，那么我们应该进入第二层，知识变现。

无论哪种知识工作者，都可以通过写作、教学、演讲和顾问的方式来使用知识，从而赚取相应的收入，这就是我们所说的知识变现。

知识本来就是一种生产力，如果说学以致用只是我们将知识落实到了现实生活中，那么知识变现，就是把这一生产力变成了摇钱树。

对此，我们可以借助一个模型，我称之为**知识商业金字塔。**它能完整地体现知识是如何变现的。

这个金字塔一共分为六层。

第一层中，知识工作者可能以雇员的形式，把自己的知识、技能、时间售卖给机构。

第二层是培训公司或者是中介公司，寻找并集合一群知识工作者，通过举办知识共享活动，来获得运营分成。

第三层是，知识大咖们售卖知识产品版权，有认证机构加持，通过版权和流量获得收益。就像马东和罗振宇，他们就是在用自己的知识和影响力变现。

第四层是一些传统出版机构或者像喜马拉雅、下班加油站这样的知识平台。通过搭建和开放知识平台，提供知识服务。

第五层是独立投资人，这些人虽然不一定生产知识，但是他们通过投资知识平台，来获得投资回报。

最后一层是这些投资人所在的公司，他们获取投资收益后，再输出知识，影响他人从而获得更大收益，以此形成良性循环。

看似有点深奥，我们可以举例来消化这个模型。

比如我的三档喜马拉雅节目——《人生效率手册》《人生管理课》和《高效打造个人品牌》，其实就是金字塔第三层中的知识产品。将知识产品化，有两个好处：一是比起散落在各种媒体上需要用户自己甄别整合，将信息结构化、知识有序化之后，对用户的帮助更多，且能建立清晰的用户预期；二是产品机制会推动我持续进行有质量的输出，于此而言，不仅能够让团队持续获益，也能督促我本身的学习和进步。

那为什么知识工作者可以使用知识来变现呢？那是因为某一领域的知识工作者通过深厚的积累获得知识，这一过程本身花费了他大量的时间、精力或其他成本。所以，他们通过使用这些知识，回收成本，同时促进知识共享，从而打开一个双赢的局面。

对大多数人来讲，只是需要获取生活和工作中所需知识，似乎并未进阶到将知识变现。但实际上，我们用知识来胜任工作而获取可观的薪水，这本身就是一种变现。由此而言，想要在工作上做到游刃有余、在社会上有所创造并实现自身价值，每个人都应该重视知识使用的两个层级：第一，学以致用，其中可以参考启动大脑和知识串联两个小技巧；第二，知识变现，在使用知识时将知识产品化。当今社会，知识就是生产力，也许很多人尚未遇到自己人生中的知识高红利期，但要想获得一个游刃有余的理想人生，就要学会如何使用知识。

13 知识的人格属性

为什么要知识创新

有一次出差时，团队一行刚到了落脚的酒店，我的助理就拉着我去买奶茶。

在等待的时候听到老板夫妇聊天，说生意不好做，一天的营业额还不到1000元，打算将奶茶店转让出去。我站在店门口随便转了一圈，发现单是这个街口，就有三家咖啡店、六家奶茶店。而且从这些店的品牌风格、饮品种类和门店装修来看，大同小异。所以每家店门前排队的人，也都不多。

与早些年相比，如今街面上的饮品店越来越多，价格便宜已经不足以吸引消费者，因为随着消费观念的提升，他们更看重品牌和品质甚至消费背后的价值观和人生观。所以，如果饮品店不变革，早晚会被市场淘汰。

不仅仅是奶茶，曾经红极一时的诺基亚翻盖手机被更先进的智能手机代替，苹果每年都会发布新品，也是同样的道理。那么，在这个一切都需要创新的时代，除了产品创新、技术创新，我们的知识是否也要创新呢？

是的。甚至我们可以这样理解，产品创新和技术创新都基于知识创新。

知识的使用，本质上就是求新求变。因为我们每个人运用知识的场景都不可能完全相同，所以我们不能生搬硬套。只有不断发现新问题，开拓新思路，才能不断创造新技术和新工具。我们才有可能品尝到品种更丰富、营销更有趣的奶茶，用上更流畅、更智能的新款手机。

也许会有读者觉得这个定义太大，不好理解，我们生活中要怎么用呢？我们往小了说，知识创新就是为了保证我们当下的核心竞争力。再直白点，这就是在关键时刻决定我们是否能够生存下去的硬本领了。

知识创新有四个方法，分别是扩大知识量、借鉴经验、跨界思维和总结笔记。

首先，如何扩大知识量？

知识创新一定是在已有的知识积累上，通过知识互联和知识碰撞产生的结果。或者说是发展了原有的知识点，创造出了前所未有的新框架。这就是知识创新的原理。

因此提升创新能力的基础就是扩大自己的知识量，知识量涵盖的范围越广越好。

以那家奶茶店举例，夫妇两人以前从未经营过茶饮这种类型的店，只是投了钱加盟。对于茶饮店的管理、新品开发、品牌宣传、客户心理、市场调研等都没有深入的研究，或者说这已经超出了他们的知识范围。

如果连经营店铺的基础知识都不具备，何谈创新呢，又如何打败同条街上的竞争对手呢？最终还是会面临经营困境。

那有了知识量之后就能直接创新了吗？也不是，接下来，我们**需要借鉴别人的经验。**

我们必须承认一件事，那就是仅仅靠我们现有的能力，以及考虑到每个人不同的知识起点，很难统一而论如何提升一个人的知识创新能力。但是有一个很基础也很简单的方法，那就是先从借鉴别人的经验开始。

我在《人生效率手册》中，提出了一个理论，叫作单点突破法，包括计划—实施—总结—评估—再次计划这五个步骤。它指在一个点上持续而深入达成目标的过程，结合了做事前的计划、做事中的严谨、做事后的复盘以及总结归纳的逻辑训练方法，将人的思维模型构建出来。

那这个理论是凭空得来的吗？显然不是，它是在 PDCA 循环规律上的创新成果。

PDCA 循环分为计划（plan）、执行（do）、检查（check）、处理（action）这四个阶段。但唯独少了评估，而在实践操作中想要获得成功，评估、复盘这样的步骤是万万不能少的。

所以，我在自己的单点突破法中，基于 PDCA 循环的优势和劣势，补充了评估和再次计划这两部分。而实践证明，这样的知识创新是有意义的。改进后的方法大大提高了我们的效率。

再以此来看开篇提到的那家奶茶店。如果店主做了针对竞争对手的调研，他可能就会知道，目前市场上存在着很多网红奶茶店。那这些奶茶店火在哪儿呢？是饮品的口感特别好吗？还是营销做得好？总之，我们有哪些方式方法可以借鉴呢？甚至不说那些网红店，就以一条街上的其他奶茶店和咖啡店为参照系，它们的优劣在哪儿？我可以在此基础上创新吗？

比如人家服务做得好，那我们可以比他们更好，如果人家有一些附加分的项目，那我们是不是也可以考虑呢？只有这样反复琢磨比较，一来二去，我们才会积累经验，并在这个领域创新超越。

经验借鉴之后，就是第三点，用跨界思维来创新。

我们可以利用精学体系和泛学体系进行跨界。在关于知识获取的那篇文章里，我提到过，泛学体现了知识的广度，进行多领域积累。而精学代表了知识的深度，能够扎实你的硬本领。把这两者有效结合起来，如虎添翼，能为自己打造核心竞争力。

天才达·芬奇就是一位典型的利用精学体系和泛学体系进行跨界的大师。他一边画着画，一边设计坦克、战车、飞行器。他善于从十几门不同学科中汲取营养，寻找灵感。

当然，跨界思维不是简单的兼职概念，而是 1 + 1 可能等于 3，甚至等于 4。

我有一位特别喜欢跨界的朋友。他本科学的是新闻学，辅修的双学位是法学；研究生的时候改修经济学，到了博士，又跳到了国际政治专业。家里人刚开始都不看好他这样的选择，觉得不稳定，太草率了。但是后来我这位朋友，凭借他的跨界积累，成为了传媒经济领域的专家，经常到大学里去给学弟学妹们授课。后来又通过他敏锐的时局判断，借着互联网的东风，在国际教育方面创业。

这一番折腾下来，他将看似没有什么太大联系的新闻学、法学 、经济学、政治学，都融入他的知识体系中，利用跨界思维找准知识与知识之间的衔接点。并深耕衔接处的知识，帮助他在一个垂直细分领域获得了成功。

最后，帮助我们创新的工具，也就是总结笔记。

有时候灵感是瞬间的，就像牛顿在苹果树下，被那个灵感苹果砸中。于是，牛顿大脑中产生了这样的火花：为什么苹果会掉落呢？就这一碰撞，碰出了“万有引力”这个新的知识点，但如果牛顿没有立即记下这个灵感，或者是没有将这个灵感付诸实践检验，那这个知识是否会延后被世人发现？

所以，当我们可能抓住了一个领域的灵感和新知时，一定要借助一些工具来帮助记忆。我推荐大家使用总结笔记，抓住稍纵即逝的灵感，从总结中创新。在总结笔记中，有一个反思环节，每天逼着自己想明白一个道理。

我在读书的时候喜欢随手做一些批注。比如：这句话有什么道理？与这个案例相似的案例还有哪些？这个故事的逻辑是正确的吗？这个理论的检验过程是否顺畅，如果有问题，是哪里出现了问题？是工具测量的误差，还是人脑认知的局限？

然后我会将这些随手写的批注和思考，重新整理到我的总结笔记中。这时候，这些疑问不是零散的，而是针对一个话题或者理论的思维延展。或许，当下的我无法立即回答这些疑问，甚至网上也搜索不到这些答案。但随着我知识的积累和跨界思维的运用，当我有一天回过头来解决这些问题时，我就实现了知识创新和自我知识体系的丰富。

当然，仅仅掌握扩大知识量、借鉴经验、跨界思维和总结笔记这四大知识创新的方法还远远不够，因为所有产出都是坚持实践的结果，只有把方法论付诸实践，我们才能真正实现知识创新，从而构建和丰富本身的知识体系。

14 知识共享

学会的最高标准是会教

在前面的文章中，我们提到了知识的收集、整理、使用基本上通过自己的内化和创新就可以完成。而知识管理中有关于互动的部分也是非常重要的，因为这能够判断我们是否掌握了知识管理的标准，那就是建立知识的输出体系：学会的最高标准是会教。

去年春节，我母亲抱了小侄女来家里住，于是家里瞬间变成了个小幼儿园。小侄女最喜欢做的事情就是当老师。她指挥我们每个人都坐在小板凳上，认真听她讲课。别看她小，教起课来一板一眼，把幼儿园老师教的儿歌、古诗每样都来了一遍。直到我们都背会了，她一个个检查过了，才肯放我们下课。

我母亲乐在其中，还偷偷跟我说："看到她就像看到你小时候的样子。那时你比她还严厉，不仅要我们背古诗，还布置了家庭作业呢。”当时我内心的感觉是：“这也太妙了。”

从小侄女的身上，我能看到我们现在讨论最火的知识共享的缩影。传统的学校教学，就是一种知识共享。老师就是拥有完整知识框架且能实现创新的知识共享者。他们把知识从一拨儿人传播给另一拨儿人。并且通过“教授知识”的互动过程，他们不仅实现了知识的价值，又强化和更新了自己的知识体系。

那么，我们为什么要知识共享呢？为什么要去教授他人呢？那是因为知识分享能给我们带来四点好处。

第一点是我们可以通过帮助他人而获得内心的满足感。贡献知识能让我们的尊重需要得到满足，能使我们对自己充满信心，对社会抱有热情，体验到自己存在的价值。

第二点是获得自信，我把它又称为“知识的自我效能”，指的是我们对于能够为他人提供知识而产生的自信感。要知道，并不是每个人都能给别人当老师，所以当我们具备了这样的能力时，会油然而生一种责任感。当看到有小伙伴深受某个领域的困扰时，我们会愿意主动贡献这些知识，来解决或纠正他们的疑惑和误解。

第三点，知识分享还能有效提升一个人的学习能力。美国缅因州的国家训练实验室提出过一项研究成果，叫作“学习金字塔”。

在这个模型里，学习的方式分为被动学习和主动学习两种，被动学习就是类似于听讲、阅读、演示这些方式，而主动学习包含了讨论、实践和教授给他人。通过观察这个金字塔中每个方式学习知识的平均留存率，我们就可以发现主动学习比被动学习的效果好，其中“教授给他人”这个方法的效果最为突出。所以分享知识是最高效的学习方法之一。

第四点，知识共享还能帮我们结交到高质量的朋友和建立个人品牌。比如我每次上完线下课都会布置作业，让我的学生必须把当天学到的知识，教给身边的10个朋友。这样一来，就能从知道知识做到把知识传播给更多的人。这个过程中，他们不仅可以巩固知识点，还能在生活圈中打造可以信任的知识形象。

既然知识共享有这么多的好处，我们有哪些方法可以从一个“会学的人”变成一个“会教的人呢”？

首先，选择你的共享内容。

其次，梳理你的共享途径。

首先，哪些知识真正值得我们分享？我们应该先共享自己的优势知识，比如我们在工作岗位上积累的专业知识和经验，这些就是我们的优势知识。其次才是专业之外的共享。

对于绝大多数人来说，我们所学习和需要巩固的知识，大多都与我们的硬本领和目标相关。所以如果我们过多选择专业知识之外的知识分享，未免有些本末倒置。因为我们可能需要重新学习，且我们在这些知识上缺乏说服力。

当我们确认了自己要分享的优势知识以后，可以做个计划，比如选择某个知识分享平台坚持分享自己的内容，或者找到一个行业社群，在里面共享自己的见解、经验和判断。

而且为了让我们的共享有不同层次的锻炼，我们需要根据共享对象的认知层次来制定不同的内容。比如有菜鸟新手向我们请教，对于这类不熟悉行业知识、无法独立判断的共享对象，需要考验我们是否能将知识转化为通俗说法。当然，我们不能错误地以为这样知识会比较低级，相反，这最能考验我们对知识的掌握能力和熟悉程度。

再比如当我们遇到有一定基础但可能缺乏经验的高级菜鸟，需要共享的内容可能就是一些原理解释和案例分析。如果是行业高手之间过招，那么彼此共享的肯定就是原理性的知识了。

明确分层次地共享优势知识之后，我们需要明确有哪些途径可以共享。

就现实来说，知识共享不分场合和形式，更是不分人群。在和别人聊天的过程中我们就可以完成知识的交互。比如分享最近看过的书，聊一聊最近的行业见闻等。甚至我们在网络上浏览时，看到好的文章就随手转到朋友圈，这都是知识分享的途径。

除了口头上的对话聊天，还有一些更正式的途径，包括报纸、书籍、演讲、期刊等。另外，随着互联网的不断普及深入，我们在网络上也能找到非常好的途径，比如微信公众号、喜马拉雅 FM、简书、今日头条、知乎等，而且互联网的知识分享没有太多限制。

不过，对我而言，最好用的一个方法还是知识共享社群。通过社群建立一个学习共同体，营造共同进步的氛围。

以我的“人生管理课”举例，我会邀请每个买了我们课程的听众加入微信社群班级，选出班长轮流值班 21 天，带领大家学习。每节课结束后，大家要讨论的问题是如何将知识内化，从而应用在工作、学习、生活的场景中。然后根据课程内容，发散思维，对知识点进行延伸拓展，丰富已有知识体系。

紧接着每个人都要共享自己的答案。我们会评选出一些优秀的复盘反思，邀请作者到社群里演讲，真正做到学会的最高标准是会教。我们每个月还有月度比赛，每个人可以看到别人的优秀和自己的不足。

我希望，50 节课结束后，能够帮助每个朋友形成自己的知识体系。同时，课程结束后每人应该积累了 50 篇学习反思，这是对自己学习效果的最好监督，也是一种综合输出。

知识分享的意义在于，通过不断地知识交互，实现知识的最终价值。知识分享不仅能使共享对象受益，更能够使共享知识的主体获得本身知识体系的扩充和巩固。

15 观念管理

知识管理的终极命题

观念管理在知识管理中属于最高层次。也许很多人会产生疑惑：观念和知识有关系吗？当然。只有我们习得了知识，才能形成观念和立场。知识的不断升级，也会迭代个人的思想和观念。

那观念是什么呢？观念是我们对世界的主观和客观认识的集合，往小了说，它就是我们对一件事的认知和看法，我们的看法决定了我们的情感和行为。所以，我们今天要说的观念管理，就是教给我们如何在知识管理的基础上，促进认知升级。

以我的经历为例，我刚创业的时候，发现自己在历史、哲学领域有很多不足。我隐隐感知到，这些知识的不足可能会阻碍我未来的发展。于是，我找了一位国内历史研究方面很有造诣的老师来指导我。

读史可以知兴替，学习历史的过程就是推演复盘的过程。在那位老师的指导下，我了解了历史的兴衰规律是如何在当下商业社会中再次演绎的，也懂得了以史为鉴，从前人的失败中，总结规律来降低自己犯错的风险。

于是，2013 年当周围所有人都靠融资去创业时，我做了一个重要的决定，就是选择让消费者来检验我们的产品。通过商业模式的不断修正和打磨，最终打造了一系列青年喜欢的品牌，包括下班加油站、青年大会、立德创业营等。

2016 年，同样在知识付费浪潮刚兴起的时候，我就入驻喜马拉雅，开始打造个人品牌和影响力。我想，这都和我当年从历史中学习到的知识——时势造英雄，有很大的关系。这些知识形成了我对时与势的认知和判断。

所以，由此而言，当我们从所学的知识中形成了自己的观念，并以此作为行动的依据，就是在进行知识管理的最高阶段——观念管理。

每个人的情况各不相同，而且很多人并不需要创业，那要怎样实现观念管理呢？对此，我总结出三个比较实用的方法。

第一，纠正偏差。

第二，反思校正。

第三，参考模仿。

首先，纠正偏差。

观念是基于知识形成的，而且带有主观性。所以我们要形成正确的观念，非常重要的一点就是纠正对知识的错误定价偏差。

这看似有些奇怪，知识也能明码标价？当然能，我们对知识的定价，基于我们认为这个知识能带来多大的价值。对于不同的人，同样的知识，价值不同。就像电子科技的知识，对于一个工程师和一个作家来说，带来的价值感不可能一样。

那为什么会有错误定价这样的观念偏差呢？那是因为很多人，只定价了知识的短期价值。

当年奋斗的时候，我认识了不少努力创业的朋友，其中有一个我印象特别深刻。我们都叫他祥子，他是经济学出身，毕业的时候正好赶上很多人投资在线教育，他没忍住诱惑，也决定试水。其实祥子在大学期间，一门心思都在自己的功课上，关于互联网、传统文化、教育教学等学科可以说一窍不通。在他看来，这些知识的定价远远不及经济学，而且他短期内看不到这些知识的用处。

这其实就是祥子的错误定价偏差，他的轻视和偏见形成了错误的观念，并进一步影响了他对行业的判断和他自身的行为。在他创业的两年后，他认为这个领域的用户习惯还没有培育成熟，行业前景有些模糊。而这时，恰好有个公司开高薪要挖他，于是他决定尽早抽身，放弃了被他低价定义的新生行业。

而这个行业直到今天依然生机勃勃。祥子的观念偏差，可能就让他错过了成为行业巨头的机会。

那要如何纠正这一偏差呢？其实也很简单，反思我们的思考过程是否存在定价偏差。当我们发现自己武断地认为这个重要那个不重要的时候，多问自己一个为什么：为什么我会这样想？这会不会导致我形成错误的观念？只有意识到偏差的存在，才能去改变它。

其次，反思校正。

反思校正在这里有三层意思：

第一，要判断，我们所学的知识是支持还是反对我们现有的观念？

第二，我们准备获取的是新知识吗？它们能更新我们原有的观念吗？

第三，有人追求真理，也会有人输出混淆视听的言论。那么，我们的观念是真实可信的吗？

总结来看，反思校正就是学会判断、反思、怀疑、推翻过时的或者是错误的观念。

很多人在上学的时候会碰到这样的事，老师在课上讲知识，我们觉得老师讲得不合理，但身边的人好像都没什么反应。这时候，我们心里有两股力量在斗争，一个说："我要勇敢地跟老师指出错误，他是不对的。"另一个说："算了算了，老师肯定是对的，他都教了这么多年的书了，不可能犯错。"

我为什么要举这个例子呢？当我们觉得老师讲错了或讲得不合理，就是知识和我们已有的观念发生了冲突，那么到底是哪一方出了问题？如果真的是老师失误了，反思校正最典型的表现就是要挑战权威。我们不和苏格拉底这样的大家比，就从身边的人来看，我们敢不敢对身边的知识偶像提出质疑呢？

每个人都有可能犯错，即便是老师，也需要知识和观念的迭代。我们需要养成一个习惯，在接收知识前，不妨问一下自己反思校正的三个问题：它支持我现在的观念吗？它能改变我原有的观念吗？我的观念是正确的吗？

每日三省吾身，养成这样的习惯，就能帮助我们迭代观念。

最后，我们要学会参考模仿，也就是学习别人的思考方式和观念体系。

我读大学的时候就非常喜欢读毛泽东的《矛盾论》和《实践论》，当时很多朋友都吐槽我为什么喜欢看这么枯燥的文章。其实，这两篇都是毛泽东利用认识论来分析和解决当时的现实问题的文章。也就是说，这是两部由理论来指导实践的作品。

这正是我想要学习的。通过知识积累和知识激活，我们形成了自己的观念和立场。但是这些观念是如何影响我们现实生活的呢？我们可以用它来解决哪些问题，如何解决？对于新手来说，这可能有些摸不着头脑，这时候我们就需要参考模仿那些伟人们的思考方式和观念体系。

知识的不断升级，会迭代个人的思想和观念。如何进行观念管理，有三个方法值得借鉴：纠正对知识错误定价的偏见，反思、怀疑和推翻过时的或错误的观点，以及学习他人的思考方式。对待任何新事物的产生和出现，都需要我们能够先在观念上接受它，这样才会避免产生错误的定价偏差，从而避免人生方向选择上的错误。所以作为知识管理中的最高层次，观念管理的重要性不言而喻。

16 刻意练习

让你从新手成为大师

前面几篇文章讲述了很多知识管理的内容，但掌握了知识管理的方法还不够，我们还得技术过硬。如何做到技术过硬呢？那就是加强平时的训练。因为，杰出不仅是一种天赋，也是一种技巧。那么如何通过刻意练习成为一个行业的专家呢？

什么是刻意练习呢？这个概念最初是一位美国心理学家提出的。很多人想象不到这位心理学家究竟研究了什么，他几十年都致力于分析那些不同行业或领域中的专家人物，比如说国际象棋大师、顶尖小提琴家、运动明星、记忆高手、杰出的医生等。

后来他发现，不论在什么行业或领域，提高技能与能力的有效方法，全都遵循一系列普遍原则，他将这种通用方法命名为“刻意练习”。对于希望在行业内提升自己的每个人，刻意练习都十分有用。

我记得我念初中的时候特别贪玩，对学习也不太上心，能一遍做完的事从来不检查第二遍，成绩也是马马虎虎。当时班上有几个很厉害的“三好学生”，其中我印象最深的是一个男孩子，虽然不是那种天赋异禀的学生，但是特别好学。每次一下课就去老师办公室问问题。我们常常嘲笑他，这么简单的问题还要问老师？而且同样都是听课，他哪来这么多问题？

于是，那段时间我对这个男孩子的感觉也很复杂，就是那种既担心被不如自己聪明的孩子超越，又觉得这么努力勤恳的小伙伴很让人钦佩的心情。老师讲解的错题，他从来都是抄个几十遍逼自己记住，还专门攒了一个厚厚的纠错本。在周末我们做一张试卷都嫌多，他却总逼着自己做完十张。

有一次他得了全年级第一，和我们分享经验，他说：“我妈常说我比较笨，只有比别人多努力、多练习才能成为一个普通人。”坐在讲台下的我们，听到这番话都感到十分惊讶，这哪里是普通人啊，明明已经是甩我们一大截的优秀学生了！

为什么要说这个例子呢？或许已经有人发现，其实这个男孩在学习过程中是有目标的，而且他做了大量的练习，这种练习往往超出了我们的舒适区。

什么是舒适区呢？心理学家曾把人的知识和技能分为层层嵌套的三个圆形区域：最内一层是“舒适区”，是我们已经熟练掌握的各种技能；最外一层是“焦虑区”，是我们暂时无法学会的技能。二者中间则是“学习区”。

当我们已经熟练掌握某些知识或技能时，就不应该继续在上面花大量时间，而是应该立即转入下一个困难点。但脱离舒适区，需要强大的意志力，甚至在我看来，这是一种精神修炼。要知道，在舒适区做事，叫生活；在学习区做事，才叫练习。持续进步的关键就是持续地在“学习区”做事。

那我们要怎样在学习区练习呢？**刻意练习有两个非常实用的方法：一万小时定律和基础训练法则。**作为它们的深度践行者，我以自己的经历来证明它带来的惊喜。

首先，一万小时定律。

我刚进入北京师范大学学习英文的时候，当年 120 人的入学考试我的成绩排到近第 90 名。这个名次离我的目标十分遥远，所以我暗暗为自己制订了学习计划。每天早上五点钟起床，到校园的一片茂密的小树林里念英文。

我想，我要拿出两倍于他人的努力，每天从早上五点读到八点甚至读到 10 点钟。一天 3～5 个小时大量地训练自己的英文，在听、说、读、写、译等方面对自身进行全方位训练。

我至今都记得那时天寒地冻，北风凛冽。我刚打开宿舍门，那股风就灌进了脖子里。我回头看了一眼温暖的被窝和还没起床的室友，毅然决然地咬紧牙关走进冷风中。那是北京的三九天，几乎能把人的身体冻僵，一直到了温暖的教室，身体才慢慢恢复知觉，过了 30 分钟才能勉强活动开来。

但即便如此，我知道如果我不迫使自己走出舒适区，就没办法进步，所以还是坚持了下来。最终，第 100 天时，第一年期末考试，我就考到了年级最前面，获得了专业一等奖学金、国家奖学金。从那之后，我每年都通过努力拿到了全学院的各项奖学金，还辅修了经济学。

我能够实现目标，正是得益于正确的方法+持续的努力。算起来，正好三年时间，算上专业课，正好 10000 个小时。

那么，一个很现实的问题来了，仅仅靠时间的积累就可以了吗？无论学习什么带有技巧性的学科，如果只是单纯地用时间来堆砌，这个成效难道不会太慢了吗？而且容易在时间中消磨耐心。所以，除了一万小时定律以外，我们还需要刻意练习的关键部分，就是基础训练。

那基础训练，练的是什么？是套路。

人所掌握的知识和技能绝非是零散的信息和随意的动作，它们大多具有某种“结构”，这些“结构”就是套路。下棋用的定式，编程用的固定算法，这些都是套路。

就像前面提到的我们班上那个勤奋的男孩，他最薄弱的环节是数学。那他在练习数学题的时候不仅仅是花时间，还要熟练掌握数学中每一个公式。我见过他把所有的公式都单独整理在一个笔记本上，这样方便他随时查阅公式。然后他又在另一个本子里专门做公式的案例解析，将每个公式至少套入二十道题。久而久之，他就能轻松做到举一反三了。

我们一直过高估计天赋的作用，低估了诸如机会、动机和努力的价值。其实天才是训练的产物。而且天才更懂得利用大脑的适应能力，通过正确的训练与练习进行创造。教育或训练的目的是帮助人们发挥潜力、填补缺陷。我们可以训练之前并未拥有的技能。

当然，我们要注意的是，刻意练习的过程可能会比较乏味，或许也充满挫折，所以如果你一旦启动了经验解释系统，也就是“感觉自己好像会了”“感觉自己已经有所改变、有所成就”。当我们有了这样的想法，刻意练习基本上就到此为止了。

也许会有人疑问，真的这么夸张吗？当然，因为我们一旦这么想了，就说明我们在挫折刺激中放弃了积极回应，已经失去了专注能力和对目标的感知。所以在刻意练习的过程中，一定要小心提防这种情况！

17 刻意练习的特征

生命不息，精进不止

上一篇文章讲述了刻意练习及其两个最基础的方法，于是我的助理问道："不对啊，萌姐。照你说的靠时间的积累以及基础的训练，那我爸天天开车，几十年了也没见他开成 F1 赛车手呀。"

他说得没错，现实中存在很多这样的现象。我们可能在一些岗位上勤勤恳恳、反反复复地练习同一个本领，但似乎没有太多进步，也没有成为大师。这是为什么呢？

因为，"练习"有三大层次，从低到高可以分为：天真练习、有目的的练习和刻意练习。

其中，"天真练习"是指低水平的重复练习，长时间用同一个标准循环往复做一件事。因此，我们只是增加了熟练程度，做事标准没变，做事水平就难以提高。我们都很容易沉浸在安逸舒适的生活中，这样的环境容易缺乏提高标准的动力。于是，我们就会习惯保持原状，对周围事物和变化感知麻木，陷入到低水平重复的练习模式中。

而当我们在做“有目的的练习”时，必须有很清晰的目标，以及支撑我们完成目标的操作标准。至于“刻意练习”，那就是在前者的基础上，除了目标制订，还有注意力专注、强化反馈、走出舒适区等要求。

“天真练习”人人都能做到，但“刻意练习”却很少有人能做到。它们的区别就在于我们是否能够掌握它的每个特征，所以我们应该从刻意练习的特征出发，个个突破。

首先，第一个特征，具有定义明确的目标。

“天真练习”和“有目的的练习”的差别在于是否有目标，目标是否有层次以及目标是否能及时更新。

我有个学生 Lucy，爱写日记，每天一篇日记，从大学到现在，至少坚持了 5 年。这听上去是不是很棒？我们是不是觉得 Lucy 可能是一个做事有条理、善于总结的女孩，甚至有人可能认为这 5 年里，她的写作能力应该得到了极大的提升。

但事实是怎样呢？Lucy 的写作能力并没有提高，工作和生活中的各类文书经常让她焦头烂额。为什么会这样呢？如果我们知道她的日记都记了些什么，便会恍然大悟。原来她的日记里记的通常都是当日的一些流水账，比如她今天早上几点起床，几点的时候干了什么，今天听到了哪些新闻和八卦，哪些事情勾起了她愉悦的或者失落的情绪。

那么问题来了，她记日记的目标是什么呢？训练标准是什么？这个训练标准能支撑她完成目标吗？我想 Lucy 不见得思考过这些问题，所以她的日记训练就很容易掉到“天真练习”的层次。

我曾经帮助很多企业家训练演讲技能，在培训的过程中就会要求他们制订目标。比如他的目标是三年内能够自如地站在舞台上演讲。那就将这个目标分解为演讲基础技能、中阶提升技能以及高阶技能训练。再把基础技能分为：告别演讲恐惧自信登台，做一场吸引人心的演讲，构建故事性的思维、演讲的战略等。

所以，如果我们希望训练一项技能，可以请一位教练或专家教我们如何行动。具有成功经验的专家，最重要的作用是能够让我们将一个看似宏大的目标完成相应的目标分解。让我们能够在每天坚持训练的时候，带有目标感与仪式感，能看到自己踏踏实实的进步。

学会有目的地练习之后，就要注意**刻意练习的第二个特征，注意力专注。**

毫无疑问，注意力集中是每个伟大人物共同的优秀特质之一。在刻意练习中，集中注意力也是一项必需条件。很多人或许也有过这样的感受，就是做一件事的时候，经常会心烦意乱，甚至一点小动静都会让我们把头扭过去看。况且现在还是社交网络风靡的时候，光是听到一声微信提醒的声音，就已经控制不住拿起手机的手。

那么该如何来达成自我专注呢？其实在关于效率管理的几篇文章中我也着重讲过，如果能将那几篇文章消化好的话，现在做起来应该是得心应手了，在此就不再赘述，总的来说就是排除一切干扰要素，学会提升效率，使用让自己专注的工具，并且进行心理暗示、为自己创建一个好环境等。

刻意练习的第三个特征是强化反馈。

这是一种很典型的逆向思维的呈现。意思就是我们必须知道某件事情自己做得对不对，如果不对，就要弄清楚到底怎么做错的。

以演讲训练为例。一个专业的演讲训练师，他要做一系列的工作，包括陪着客户到达演讲现场，根据现场发挥情况，给予演讲评估表现，甚至还要给客户录像，然后让客户自己看着录像，谈谈自己的表现。这些就是为了让对方知道自己该如何做，做得好不好，有什么地方需要改进，通过总结得失让自己得到进步。

对待反馈的做法，简言之就是记录、分析、总结，然后再尝试，不断靠近标准。我们要做的反馈不是我们是否成功或者失败了，而是我们是否达到了预期的标准。

在管理学领域被精巧的设计过的反馈，无处不在。对学生而言，期中考试和期末考试就是学习的反馈；对企业员工来说，工作绩效就是工作表现的反馈。我们不可能一直做对的事情，所以一旦出现航线偏差，就需要知道自己怎样才能回归，以及如何回归才能确保高效而不浪费时间。

最后，我们要注意的是，刻意练习需要走出舒适区。

我在《刻意练习：让你从新手成为大师》一文中提到过“舒适区”这个概念。舒适区是在不断变化的。很多人问我：“萌姐，你以前每天早上 5：00 起床，为什么现在变成了 4：30 起床？”

那是因为，对我来说，十八年来五点早起的习惯，已经是我的舒适区。慢慢地我也发现，自己在这个舒适区太久了就缺少了进步的动力，相反地，我的一些学生开始奋起直追了。在我早上 5 点起床的时候，他们有的 4 点半就起床了，有的甚至 4 点就在社群里 @ 我了。更激励人心的是，自从我做了下班加油站 App，每天早起打卡，我都能看到排名，本让我引以为傲的早起习惯，现在被我的各位学生重新“刺激”到了，于是我慢慢调整到 4 点早起，早起后，更高产也更高效（当然我睡得也更早了）。

这个时候我就很有紧迫感，想快速逃离安全区。也恰好这时，我发现了一些在时间管理领域很厉害的人物。他们对时间的善用与珍惜，对时间、效率管理有更精准的方法，这些都让我无法再沾沾自喜，只能继续学习。

总而言之，刻意练习的特征包括有目的地练习，并专注执行与反馈，时刻监测自己是否到达并跳出了舒适区。只有注意这几个特征，我们才能通过刻意练习成为一个行业的翘楚。

18 心理表征

你和牛人的区别

乍听到“心理表征”这四个字，我们的大脑也许瞬间空白了一下，心想：哎呀，这个词我都没听过，又是很难懂的知识吧？不要紧张，其实这就跟我们大脑里的那一瞬间空白有关。

什么是心理表征呢？当我们尝试想起某个事物或者观点时，就会发现大脑中会产生关于这个事物的形象，或者具体，或者抽象。而这种与事物相对应的心理结构，就是心理表征。

比如我今晚约朋友去吃火锅，那朋友脑海里或许就会浮现出一个正冒着热气、堆满食材的鸳鸯火锅。这个视觉形象就是朋友对火锅产生的心理表征。可是如果朋友很不幸地没吃过也没见过火锅，那朋友的脑子里估计就是一片空白了。

而且由于人和人之间存在阅历、地域、偏好等差异，朋友想到的那个火锅可能和我想到的还不一样，我脑海里可能浮现的是老北京火锅，也有可能是热辣十足的九宫格。

有人会问，难道心理表征就只是视觉形象这么简单吗？当然不是。通过刻意练习，我们可以形成更复杂、更精密的表征。

就好比国际象棋大师之所以能从容地下盲棋，就在于他们拥有令人难以置信的能力来记忆棋子的位置，并判断出未来的路径；职业足球队员之所以能在球场叱咤风云，也是因为他们摸着了规律，能够迅速对他人和自己的情况作出精准的反应。

这么一看，我们普通人和大师之间的差距，可能多少源于心理表征的不同。大师们的心理表征就好比一片广阔的大草原，他们能看到这片草原从过去到未来的生命循环。而我们呢？将我们放置在草原上，能看到什么？

所以，我们需要知道如何建立并发挥自己的心理表征。

心理表征的第一个用法，快速记忆。

什么意思呢？我们先来做个小游戏，下面是一串数字，我们看两遍是否能记得住呢？

第一遍："12252 00109 11201 71231"。再看一遍："12252 00109 11201 71231"。

这么一大串都记住了吗？一般情况下，大多数人都只能记住没有规律的几个数字，甚至出现大脑空白现象。我自己第一次看的时候也感觉大脑犹如卡机一般，虽然记住了开头和结尾，但又忘了中间部分。但是如果我们分类记忆呢？

1225 一组，这是圣诞节的日期；20010911 一组，那天发生了让整个世界印象深刻的“9·11”事件；最后一组，20171231，就是 2017 年的最后一天。这么捋一捋，我们是不是感觉这串数字背下来实在太容易了。

这是什么道理呢？就跟我们平时向别人报自己的电话号码一样，有的人习惯 3 个数一组报，有的人习惯 4 个数一组。我们大脑中记忆这些数字也是按照这样的分组习惯，所以当我们第一次看的时候，就很自然地选择了自己熟悉的组合方式，没有过多考虑数字之间的联系。

但当我们重新组合以后，就能运用预先存在的“心理表征”来解释数字的意义。这些意义可以辅助我们的记忆。这就是心理表征的用法之一，我们可以用它快速地处理一些看似杂乱无序的信息，并方便记忆。

心理表征的第二个用法，解释和组织信息。

很多人在学习英语的过程中，老师都反复强调过词根词缀记忆的重要性。有时候，我们虽然不认识一些单词，但词根词缀的存在可以帮助我们判断单词的意思。

比如 freedom 是由两部分构成的，free 和 dom。free 是自由的形容词，dom 作为后缀的时候，表示“状态、地位、领域”，能够构成一个名词。所以你看 freedom 的意思就是自由的状态。

那我们知道了这个后缀的意义之后，我们就可以延展开来了。比如 wisdom（智慧）、kingdom（王国）。也就是说，我们对一个主题研究得越多，对这个主题的心理表征也就越细致，就能更好地消化新信息，就像上面提到的后缀 dom。

大师的厉害之处就在于能一次把这些心理表征“吃透”。不仅能理解和解读它，把它保存在记忆中，还能组织它、分析它，用它来做决策。

对决策来说，组织信息就变得非常重要了。

就像医生，他们给病人看病就是一种典型的组织信息的行为。看医生的时候，我们可能会被问一大堆问题，医生为什么要这么做呢？那是因为他需要大量线索，同时根据病人描述的症状，将这些线索综合起来考虑。这时，医生的心理表征的作用就开始显现出来了。

医生们通过刻意练习，在大量的临床经验中锻炼了敏锐的判断力，再加上他们原来的知识储备，于是医生们精心创建了一系列优势的心理表征。那就是：在相同的时间内，他们可以快速吸收、思考和分析更多的信息，即使这些信息看起来似乎并没有什么关联。

心理表征的第三个作用，发现规律与制订计划。

很多人喜欢观看世界杯比赛，足球其实是一种充满智慧的运动。优秀的球员，具有超强的能力来解读球场上的规律。这种能力使他们可以判断出哪些球员的移动以及互动最为重要，从而围绕“应该向球场的哪个方向”奔跑，“什么时候传球以及传球给谁”等问题，在瞬间做出最好的决策。

这就是发现规律和制订计划，它们已经是较为高级的心理表征应用了。

以我自己为例，在写《人生效率手册》这本书之前，我反复思考、分析并制定了自己的写作目标。比如我要弄清楚自己擅长哪方面，内容是否符合读者的需求，书中的观点是否站得住脚，章节之间的逻辑关系是什么，我的读者能从这本书中收获什么。回答完这些问题，其实我就已经给自己提供了写这本书最初的心理表征。

接着就是为本书的付出，为了检验内容的有效性，我开设了很多线上课和线下课来测试大家对于本书中介绍的方法的使用情况，并建立“人生效率”学习社群，去观察大家的学习情况，再根据大家给我的学习反馈来修改书中的内容。

反复修改几次后，我发现自己对这块内容的认识越来越深刻，操作也更加熟练，每次修改的幅度和空间都在减小。下一次举办活动时，我的表现都比上一次更好，无论观众在这一领域抛出什么问题，我都能接得住。

总的来说，我们在刻意练习的过程中像大师那样反复训练，充分发挥心理表征的作用，就可以创建高度专业化的心理表征，这些心理表征将使复杂的记忆、规律的识别、问题的解决都成为可能。

19 黄金标准

不止于兴趣

对于任何一位渴望学会某种技能的朋友来说，刻意练习就是黄金标准。

熟悉我的人都知道，我一直倡导以人为师，建立人格榜样。但其实，我也不是一开始就选择这条路的。以前我总觉得任何我不熟悉的领域，凭着死磕的力量，自己多花一点时间就能做好。但后来发生了一件事，让我的观念有了很大的转变。

大学期间，同寝室的女生都爱美、喜欢打扮。刚开始的时候，化妆对于我来说简直比考第一名还难，血盆大口、蜡笔小新眉毛这样的妆容更是家常便饭。当时我们几个化妆小白还打赌，看谁能最快学会化妆。

于是，我每天都会抽出时间研究一些美妆博主的视频，翻看杂志介绍的妆容配色。我自觉自己的理论知识已经很丰富了，可真正操作起来还是不太顺手。但同时，我的室友 Vivian 却像变了个人似的，化妆技巧一天比一天熟练，甚至还能给我们很多不错的建议。毫无疑问，最后当然是她赢了。

事后大家问她是怎么在短时间内进步的，Vivian 说她去了一家化妆品专柜兼职当导购。上岗前有专业人员来培训她，她不仅得啃下一本厚厚的产品书，还得经过专柜销售人员的严格考核。要知道，这些人都是对这一领域了解最深的人。所以即便我们每天花同样的时间练习，也比不上掌握了进步捷径的 Vivian。

其实，Vivian 这个例子很能说明刻意练习的标准。刻意练习是非常专业的练习形式，所以严格意义上来说，它是有门槛要求的。第一，所训练的领域是合理发展的行业，有一整套成熟的评价标准和高效的方法。第二，需要有一个能够布置训练作业和及时反馈的优秀导师。

比如，化妆品销售就是一个有一套完整规则的行业，而且每个培训的前辈都是身经百战的导师，他们教 Vivian 练习的方法，能帮助 Vivian 快速提高特定技能。

那么，如果我们所在的行业或领域不符合严格意义上的两个标准，那要怎么办呢？比如我们只是开个淘宝店，或者从事的是一个新兴行业，行业标准和评价体系都还不成熟。即便如此，我们依然可以运用刻意练习的四大原则，来找到对自己最有效的练习方法。

第一个原则就是最大限度地运用刻意练习。

小时候学数学的时候，老师让我们背圆周率。当时同学之间爱比谁记得多、记得准。有的人只能记得 3.1415926，有的人却能背出小数点后 20 位，甚至更多。他们是怎么做到的呢？至少从严格意义上，他们并不是刻意练习完成的，因为没有哪些导师是专门教人背数字的。

我当时还“采访”过班上记忆力最棒的同学，他能背下来 100 位。我问他是如何做到的，他说他在背的时候参考了一首打油诗，用谐音将数字串成了一个故事，这样一来，场景化的记忆就容易多了。后来有一天，他又很开心地跑来告诉我，他向一位记忆专家请教后，现在已经能背出圆周率小数点后的 120 位了。

这位同学的经历虽然算不上标准的刻意练习，但他却抓住了刻意练习最重要的元素——向杰出人物学习或借鉴已知的学习方法。

尽可能地进行刻意练习，是在任何一项事业追求中变得更加杰出的基本路线图。如果在我们所处的行业或领域中，可以实行刻意练习，那么我们就应当采用刻意练习。如果不是，那也要尽可能应用刻意练习的原则。

第二个原则，确定谁是杰出人物。

在确定谁是杰出人物之前，理想的情况是找到客观的、可复制的评价标准，以便前后一致地从普通从业者之中挑选出最优秀的。这对类似于体育、艺术表演等可能带有竞技性的项目或比赛来说，找出杰出人物似乎并不难。

但在其他领域，比如律师、医生、教师等这些职业我们要如何识别呢？以医生为例，我们去医院挂专家号，职称越高，年龄越大，挂号费越贵，就说明医生水平更优秀了吗？

这个时候，我们千万要注意别被偏见蒙蔽了双眼。有研究表明，我们在判断别人的能力与专业水平时，总会受到很多因素的干扰，比如学历、经验、声望、利益、关系远近、友善与魅力等。

因此，一条好的经验法则是寻求与他们密切合作的其他专业人士的意见。比如哪个外科医生比较好，可能问问那个医院的麻醉师就清楚了。另一种方法是问问专业人士服务的对象，比如医生的病人、律师的当事人、广告人的甲方等。问问这些人被服务时的体验和他们的评价，或许就能帮我们找出杰出人物。

第三个原则是找出杰出人物和其他人的差别。

一旦已经辨认出某个行业或领域中的杰出人物，下一步就是针对性的思考，他们都做了些什么从而使自己在这一行业或领域中脱颖而出，同时还要思考哪些训练方法帮助他们走向了卓越。这些差别就可以解释他的卓越成就从何而来。

比如为什么有的医生的治愈率比其他医生高呢？为什么有的导演拍的电影总是能名利双收呢？为什么有的淘宝店铺每日营业额抵得上别的店一个月的呢？

之所以要知道这些差别，是为了给我们指出更有效的方向。如果我们发现某个方法管用，那就坚持下去。如果不行，就赶快调整方法，模仿行业或领域中最杰出的人物。这样才能保证我们的练习过程是有效的。

最后一个原则，也是刻意练习最重要的一个原则，那就是找到优秀导师。

每个人想训练自己的硬本领都需要找到一位好导师。为什么这么说呢？因为优秀的导师懂得成功的训练体制背后那些隐藏的规律和方式方法。而且能够在必要的时候调整它，以满足不同学生的需要。此外，优秀的导师不仅关心学生解题的答案，还会观察学生的思考方式以及学生当时运用的心理表征。

那么，优秀的导师这么重要，我们要怎么去找呢？

首先，一个好的导师不一定是世界上最出色的人，但一定是在他所处的行业或领域中有一定成就的人。导师就意味着他可以引领我们最后打败他。如果一个人专注于一类知识的学习，是一个不折不扣的学者，那他必定需要通过刻意练习达到超越导师的水平。

其次，一个好导师还应当在他所在行业或领域的教育中，具有一些技能和经验。一个行业内的杰出人物并不等于优秀导师，许多杰出人物并不能胜任导师的角色，因为他们不知道怎么教导别人。

此外，还要了解导师擅长的领域，比如他能教授的知识和技能范围，以及他以往教授过的学生的人群特征。我们甚至还要多方关注老师的微博、微信公众号（如果他有的话）。为什么要知道这些呢？因为一个好导师不仅是优秀的、经验丰富的，更要是适合我们的。我们和导师之间是否合拍，会直接影响刻意练习的效果。

刻意练习不只是有目的地练习，它需要一个已经得到合理发展的行业或领域，其次需要一位能够布置练习作业的导师。在实践中，我们需要最大限度地运用刻意练习，然后辨认出自己所处领域中的杰出人物，并进一步推测调查是什么使他们变得如此杰出，接着再提出训练方法，这些方法能使我们像他们一样优秀。

20 运用

人生成功可期

在上一篇文章中，我们了解了当我们所在的行业不符合刻意练习的严格标准时，要如何找到练习方法。那么有了方法以后，我们应该怎么实践呢？

首先，我们应该知道生活中我们常遇到的三种错误认知。

迄今为止，我做职场教育已经五年了。其间我经常给人做培训，所以演讲、写书这些事情都算是家常便饭了。有一次，我和一个朋友说起演讲这件事。朋友说，他从小就不擅长演讲，哪怕只是到讲台上做个自我介绍，他都会支支吾吾地脸红半天。其实他心里有很多见解和感受，但就是不知道怎么表达出来。

于是我建议他尝试在公开场合多发言，哪怕先在朋友圈子里多表达自己的主张。即便讲得不好，也要先开口。朋友说：“不行啊，张萌，我做不到。你能讲是因为你从小就喜欢演讲，又很努力。但是我天生嘴笨，又没有经验，别人一盯着我看，我脑子就不会转了。”

听完这个故事，通过阅读前几篇关于刻意练习的理论，我们应该能立刻听出我这位朋友有哪些错误的想法。

首先，第一个错误思想就是他认为能力通常受到基因的限制。这表现在他觉得自己没有演讲的天赋，句句不离“我不行”“我做不到”“我没有”“我天生怎样怎样”。尽管天赋可能会对那些刚刚开始学习某项新技能的人产生一些影响，但是，对那些致力于深入发展某项技能的人而言，究竟能否成为杰出人物，练习的程度和有效性起着更大的作用。

其次，他犯的第二个认知错误是，他认为投入时间更长的人就一定更擅长做某件事。因为他自觉起步比别人晚，就否定自己也能演讲。这很显然是对自己没有信心。

第三个错误思想是他认为只要努力就能提高。虽然努力是获得成果的必要条件之一，但并不是唯一条件，显然他混淆了二者之间的逻辑关系。

其实，以上三点都是我们经常会遇到的错误思想。而事实是，人的潜力都是可塑造的，不存在“你有天赋但我不行”，我们都可以通过正确的训练帮助自己提高。长时间的投入和努力，这两者固然重要，但更重要的是有正确的方法并坚持。

如果我们学会了辨认并拒绝这三个错误思想，那么我们又给自己的人生打开了很多扇窗。

其次，边干边学，让练习成为日常的一部分。

曾经有朋友问我，刻意练习的要求这么高，需不需要停止一切工作来专门练习呢？不然平时工作那么忙，哪有时间练呢？

答案当然是否定的。因为我们完全可以将日常的工作和生活转化为刻意练习的机会。

比如老板让我们汇报工作，我们在台上照着 PPT 一个字一个字地念，下面的人听得昏昏欲睡，而领导也看不到我们的工作热情，更别提升职加薪了。这样日复一日，只会形成一个死循环。

在我的社群中，有个学员就跟我哭诉过这样的困境，说自己的能力压根儿没有提升，反而慢慢养成了惰性。我开解他说："你可以把每次机会都好好利用起来做刻意练习啊。"

那么，如何利用呢？就以汇报工作为例，我们就可以拿它来做演讲训练。在 Deadline（截止日期）之前，我们可以先把草稿拟出来，然后报送负责人审核，看看汇报内容跟他的想法是否一致。这叫作演讲训练的目标达成。

接着，在当天会议前，我们要提前调试设备、检查麦克风、找寻最佳站位，为演讲做准备。然后在演讲过程中，要尽量声情并茂地演讲出来，注意在气氛环节的过程中，能够调动大家的积极性，让大家能够参与其中。

最后，等演讲结束后，请会上领导与同事为我们做内容上的反馈；同时，请会上演讲能力最强的前辈，为我们做演讲的点评。这样就不再是一次简简单单的工作汇报，它更是一次提升我们演讲水平的基础训练。

这样一种简单的安排，既完成了工作，又可以将刻意练习融入日常，成为习惯，甚至锻炼出某项硬本领。何乐而不为呢？所以千万要好好珍惜工作中的每次可以刻意练习的机会，避免再把工作搞得机械化。

最后，贯彻 4F 原则。

在上一篇文章《黄金标准：不止于兴趣》中，我们提到刻意练习需要找一位优秀导师，但现实生活中，这样的好导师并不是人人都能碰到的。那没有好导师就无法进行刻意练习了吗？

当然不是。在找不到好导师的情况下，我们可以自己设计练习方法、创造练习机会。这里就需要用到 4F 原则了。什么是 4F 原则？它们分别是专注（focus）、反馈（feedback）、纠正（fix it）和高频练习（high-frequency）。

专注，也就是 focus，是指在练习时的极致投入，而且这种投入要保持平衡和统一，比如财务、时间、精力三者的投入。

可以想象，学习一项硬本领，我们最先发生的行为一定是财务投入，拿出资金来为硬本领的学习进行投资，比如请教练、买教材等。接着，当我们确定会在某段时间内参与到学习项目中时，我们就进行了时间投入，比如参加补习班。但我们也有可能投入了时间和金钱，还是没有获得良好的学习效果，那是因为有一种学习叫作“人在，心不在”。所以，我们还要做到人与心的统一。

请记住：如果我们在走神，或者我们很放松，并且只为了好玩，我们是无法进步的。这就像专业歌手和业余歌手在上课时表现出来的不同一样。在课堂上，业余歌手都觉得很开心放松，因为他们可以随意表达自己的内心感受和心情。但对专业歌手来说，课堂上，他们全神贯注地分辨声音技巧、呼吸控制，努力提高自己的技能。这样的专注，没有乐趣可言。

这是从任何类型训练中最大获益的关键，从私人课程或者团体课程到单独训练，甚至是比赛或竞争，无论我们在做什么，都要专心地做。要制订明确的目标，把练习课程的时间缩得更短，是迅速提升自己新的技能水平的最佳方式。

除了专注，反馈，也就是 feedback，也很重要。有导师在身边时，我们可以根据导师的反馈来调整。那我们自己练习的时候呢？很幸运的是，我们都生活在互联网的时代，丰富的信息资源能让我们找到自我反馈的依据。

以英语练习为例，网上有各种类型的带字幕的电影电视剧资源，我们可以下载自己喜欢的剧集，边看边学。通过观看字幕，可以验证自己的听力是否有误；通过台词分析，可以检验自己的英语表达是否地道和流畅；通过演员的发音，还可以检查自己的语音语调是否标准。

如果理解有误，语音不准，那我们就要针对这些不足之处想尽办法来纠正它们。没错，就是 fix it。比如听不懂对话，就反复看字幕、反复听；表达不流畅就根据台词改正；发音不标准，就一字一句地模仿最喜爱的演员，模仿他的语音、语调、语气。

纠正完之后，我们还需要高频练习，就是 high-frequency。我们只有反复地、有目的地操作一件事，才能增加熟练程度，并在脑海中形成深刻印象。这是刻意练习最基础也是最艰难的一步。试想一下，当我们被要求一遍又一遍地观看同一部电影，反复学习里面的台词时，这个过程是多么枯燥。而且要一直持续到我们能完全听懂并流畅准确地说出台词，练习才暂时告一段落。但也正是有了这个枯燥的过程，我们的刻意练习才会产生最大的效果。

《荀子·儒效》中言："不闻不若闻之，闻之不若见之，见之不若知之，知之不若行之。学至于行止矣。"学习的最后节点在于"行之"，所以去运用才是我们学习一切知识的关键。

21 目标

成为杰出人物

有一部很受欢迎的电影叫《摔跤吧！爸爸》，很多人都看过。其实，这部电影就是一个非常典型的通过刻意练习来培养杰出人物的案例。

电影中的父亲曾经是一位摔跤冠军。他看到了自己女儿身上惊人的摔跤天赋，便开始按专业摔跤选手的标准来训练她们：换下裙子、剪掉头发、控制饮食、每天坚持锻炼加实战，此外还有技巧方面的练习。最终，女儿获得了全国的摔跤冠军，成为了行业内的杰出人物。

显而易见，一个杰出人物的诞生并不容易。他们需要磨炼才能、经验、意志、性格，甚至身体素质和心理素质。

我在前几篇文章中讲述过如何刻意练习，我想我们应该在此基础上突破刻意练习，让每个人都有机会向杰出人物靠齐，甚至成为杰出人物。

从特征上来看，杰出人物有三个基本特征：专业性、个人特性和时代性。针对以上特征，有三个如何成为杰出人物的建议，分别是跨越停滞阶段、练习个人属性和具备创新力。

第一个建议，跨越停滞阶段。

几乎任何一个领域的人不再进步的主要原因都是：经过前期的快速积累以后，渐渐地，他们选择的方式不再给他们带来新鲜感和成就感。

这就好像我们平时补充营养，我们觉得自己缺乏维生素 C，就拼命地只补充这一种维生素。到了一定阶段，维生素 C 的营养达到了饱和，已经停滞不前。但是我们仍然营养不均衡，我们的身体依然没有达到预期的健康状态。

而跨越这一阶段的最好办法，就是交叉训练法和特定弱点攻破法。

比如，我们去健身房锻炼，目标是减肥的同时改善一下各方面的身体素质。健身房中有很多器材可以帮助我们锻炼，于是我们选择了自己最擅长的跑步机，天天跑步。半年时间已过，我们身体素质虽然提升了，但体脂率、体重还是很高，这是为什么？

因为我们仅仅选择了一种运动方式，这样的反复练习让身体形成了习惯，适应了我们的频率，所以停滞不前。这个时候，我们就要用上交叉训练法和特定弱点攻破法了。

交叉训练法就是以新的方式挑战我们的大脑或身体，在不同类型的训练之间切换，让我们可以持续不断地以不同的方式挑战自己。就像我们可以周一、周三、周五跑步，周二、周四、周六做其他有氧运动，两者交叉训练，保持大脑和身体的新鲜感。

特定弱点攻破法，顾名思义，就是逐一击破。当我们发现自己再难以提高时，可能只是那项技能中的一两个组成部分在妨碍我们，而不是所有组成部分都在妨碍我们，问题是，到底是哪些呢？要明确到底是什么让我们停滞不前，然后设计一种练习方法，专门来改进那个特定的弱点。

比如，我们发现自己的手臂力量还不够，就可以选择举杠铃来消除这个缺点，相比之下，跑步对手臂力量影响不大，我们就可以减少跑步的练习。

那么，处理停滞阶段之后，我们应该知道如何练习个人属性和影响力。

杰出人物其实是在特定的领域或专业范围内通过行业比较才凸显出来的。当然，我们不否认有些杰出人物十项全能，能跨越很多个领域而且似乎都能取得成功。

但从新手晋升来看，或者说一个普通人想要成为杰出人物，在没有先天条件的支撑下，我建议有针对性地发掘自己的 1~2 个潜能。

拿我创业来说，不管做教育培训还是电商，我都把个人属性牢牢地附加在自己的事业上。我的电商品牌是“早起文创官方店”，扣住了“早起”两个字。这是根据我十八年来坚持早起的特征来命名的。把早起做到第一，就是我自己的个人属性。

另外，无论是做立德领导力还是做下班加油站平台，我都把我时间效率管理的专业优势发挥到极致。因为我擅长的就是时间管理，所以把时间都加持在实践练习中，做到极致、领先，产生个人的影响力。那谁还会说我们不是在这方面的佼佼者呢？

这个道理在每个人身上都是一样的。我们可以在自己学习、工作中，优先选择自己的特长来练习，或者是抓住一个关键词来延伸打造自己的个人属性。那具体怎么操作呢？

我有个朋友 Nancy，没什么特长，至少和琴棋书画、唱歌跳舞是没有丝毫缘分的，语数外也都学得马马虎虎。甚至她连跟人吵架的技能都不具备。

这样一个人怎么打造自己的个人属性呢？我很仔细地观察过 Nancy 的生活，虽然她平时表现一般，但她有个特点，就是非常喜欢整理东西，而且也非常擅于整理东西。朋友或同事家里需要装修或添置家具，Nancy 总能根据他们的情况给出很好的建议。

而且不仅限于空间整理，她在文字整理上也表现得比别人好很多。打开她的电脑，一个个文件夹罗列得特别清晰，同事若问她要一份三个月前某次会议上的第四版修改材料，不到半分钟她就能找出来。

我当时建议她，Nancy，你有这么棒的整理特长，为什么不朝这个方向练习呢？她说她没想到整理也能算门特长。但她人很聪明，随后就发现，其实所谓的特长可能只是一个我们生活中容易忽略的点，但这个技能点可能别人并不具备。

于是，Nancy 开始在网站上发一些空间整理的帖子，也非常积极地给人回答疑问。她还尝试开公众号，将自己多年的整理心得写成文章。此外，她还特意去日本进修整理术，考了相关的资格证。几年下来，她的粉丝越来越多，陆续也有出版社和网站来约稿、约课程。

显然，Nancy 就抓住了“整理”这个关键词并成功打造了自己的个人属性，在生活规划领域逐渐有了自己的声音。

最后一点是顺势而为，具备创新能力。

时势造英雄这句话说得非常在理，说明了杰出人物的出现具有时代性。就像现在新媒体行业涌现的一个个百万级别公众号，如果把它们放在过去的纸媒时代，没有了互联网技术加持，它们恐怕连生存的土壤都没有。

但现在，为了满足随时随地地互动表达、娱乐与信息的个性需求，新媒体借力互联网开拓了用户市场。那些大号们赶上了这波浪潮，再加上自己传统媒体上的经验，立马转型，才有了一次大爆发。

我举这个例子其实就是为了说明，每个人都需要顺势而为，具备创新能力。在刻意练习、修炼自己专业本领的同时，别忘了对新事物保持敏感和好奇，结合时代特点，找到风口，抢占先机。

总而言之，要想成为一位行业内的杰出人物，就需要勇敢地跨越停滞阶段，练习个人属性和影响力，并在时代拐点出现时牢牢抓住它。除此之外，还要开拓创新。创新的过程就像我们一步步搭梯子。当我们爬到了梯子的顶端，看上去似乎不能更进一步了，但其实这还不够，我们要为自己再绘制一把又一把的梯子。绘制新梯子的过程中所采取的方式，与我们一开始达到那个界限时采取的方式是相似的，都是刻意练习。

我相信当我们具备了以上这几种能力，就离成为一位不容人小觑的杰出人物又更近了一步。

PART ③

第三章 思维管理

22 单点突破法

赢家都在使用的思维模式

单点突破法是我们思维训练的一部分。为什么要学习思维训练呢？因为我们学习了各种思维方法，懂得逐步运用以及懂得“思路”的一般规律，懂得如何寻找突破点等后，才会对事物的认识达到一定的高度。

很多人看到本篇标题也许会想，之前不是或多或少都出现过单点突破法这个概念，还有必要单独成篇吗？其实是很有必要的，之前单点突破法是在没有形成完整思维体系的时候，仅以一个技巧方法出现在时间管理、效率管理这些部分。但这篇文章是让我们逐步学会什么是真正的单点突破法思维，以及如何把它运用在生活的方方面面。

什么叫作单点突破法？单点突破法其实就是一个循环理论，常规是五个步骤：**计划—实施—总结—评**

估—再次计划。把它应用于每天的工作的日程、时间管理、学习的场景当中，尤其是形成高效的思维模式模板从而持续不断地为自己的目标服务。

2013 年我刚刚创业的时候非常幸运，当时学了一门课程，叫作国际项目管理。IPMP 系统讲述了一个项目，从刚刚开始的开发阶段到最后真正执行阶段到底经历过什么样的事情，以及我们需要通过什么样的努力让一件事情完成。后来我发现通过这门课程，学到的不仅是单一的对自己公司的运营管理，更是对我整个人生体系都有用的管理。

我把学到的知识刻意应用到实践当中，检验它的时间效果及真实性，最后形成我自己的思维体系。而在国际项目管理课中学到的以及最后实践形成的理论，我把它叫作单点突破法，这也就是单点突破法的由来，我会详细地介绍每个步骤的具体实施。

宏观上来说，单点突破法就是极致思维的落地版，什么叫极致？就是雷军常说的，把自己逼死，把对手逼疯，就是集中所有力量打击一点，单点突破就是实现极致思维的途径和方法。它的本质也叫作最基本的思维模式及冠军级的做事习惯。

我们常把目标分解和单点突破弄混，目标分解就是把大目标细分成一个个的小目标，就是所谓的“多就是少”。而单点突破就是我们不能同时解决多个目标的情况下，不如找准一个目标，集中全部精力把它做好做透，就是所谓的“少就是多”。

那具体该怎么做呢？我演讲课上有个学生叫 Tom，对于演讲他唯一的缺点就是会怯场，常常尬在舞台上。他就问我，如何能够战胜这种恐惧。当然，我不会建议他“你就当观众是土豆，不用在意就好了”。

我建议他在演讲稿上标出在哪个部分要微笑，哪个部分要有个动作来舒缓一下，哪个部分可以停顿，通过刻意练习来克服舞台上手足无措的情形。再通过参加各种比赛，录下现场表现，赛后分析自己在哪些方面还有问题，加以改正，加入更适合自己的缓解舞台紧张的动作。他按照我的方法实施后，果然很有效果，甚至他舞台上标志性的酒窝笑容俘获了很多女粉丝的芳心。

那按照单点突破法，Tom 在演讲稿中标出那些需要情绪反应以及做出调整的关键词就是计划环节，之后通过一系列的比赛适应这些表现是在实地操作，也就是实施阶段。他把所有比赛都录下来，赛后自己找出问题做出改进，这一步包括了总结和评估这两个步骤。最后他找出自己最标准性的笑容成功克服了舞台尴尬症，也就是单点突破法的最后一步——再次计划。这一系列操作就是关于演讲根据学习场景不断提升自我的锻炼的情境，也是单点突破法的一个完整闭环操作。

此外，对待工作场景也是这样，我们立德基金会每年都会举办青年大会。我的团队在项目的操作上同样也用到了单点突破法。每一年我都会思考要邀请哪些嘉宾，今年的主题应该定什么，青年人的反馈要如何实施等问题。所以我的团队经常凑在一起开会，每个部门在实施的过程当中会发现一些问题，在总结评估会的时候就需要一一描述，谈谈自己哪儿做得不好，要完善哪些部分，其他人也会商量着一起改进。项目迭代到最后，年底开会需要再次重新评估以做出第二年的计划。

当然，除了学习场景和工作场景，单点突破还能应用在生活的方方面面。那么新手怎么才能马上上手？

同样地，跟时间、效率管理部分相同，我们要拥有自己的一本效率手册，这个效率手册指的是从计划到实施，就是针对我们要做的事情做出一系列的安排。比如我要考四六级就要列出每日学习清单，做时间管理，如果要学一项技能，我们也要列出学习计划。

当然这些只是前半部分，最重要的是从实施到评估环节。这时需要我们拿出另外一个白本，在这个白本中，把自己每一天完成的行为记录下来。那评估总结什么时候来做呢？我们做一件事情要定一个周期，比如我们定每个周六早上八点写一个周报，把真实发生的情况跟计划发生的状况做减法。在做减法的时候，其实你会发现自己到底是进步了还是退步了。

总而言之，单点突破法，包括计划、实施、总结、评估、再次计划五大步骤，我们可以用效率手册操作实施，应用在学习、生活、工作等各个场景。

23 番茄工作法

一个高效能工作计时器

“番茄工作法”这个名字听上去是不是很美味？最开始接触这个方法的时候，我也在想为什么不叫香蕉法、萝卜法，而要叫作番茄工作法呢？这里面的故事也非常有趣。

它的创始人叫作弗朗西斯科，算不上有名，也不是我们常以为的那种好好学生。他的大学刚开始过得混混沌沌，书读不进去，效率也很低。为了解决这个问题，他就和自己打赌，找一件物品来帮助自己计时学习，看能不能集中注意力学上十分钟。而在那个手机都还没普及的年代，只有一个外形酷似番茄的厨房定时器能实现他的需求。

他定好 25 分钟番茄钟，在番茄钟开启之前把所有可能打断工作的活动都做好，比如说喝水、吃苹果、上洗手间、向同学借参考书等。排除一切干扰后，在 25 分钟的番茄时间里，他全然专注于手头上的任务。

这么看来，**番茄工作法其实就是每完成一个番茄时间，也就是工作 25 分钟，休息 5 分钟。连续完成 4 个番茄时间后休息 15 分钟**。听上去是不是很简单？这是一个能帮助我们提高效能的实用工具。

但有人可能会疑惑："萌姐，这番茄工作法难道不是时间管理的工具吗？和思维训练有什么关系？"其实，任何一项可以推而广之的工具，背后都存在一种或多种有益的思维方式，而这些思维方式就构成了工具的实用逻辑。

所以，在讲述番茄工作法的思维逻辑之前，我们需要全面地认识这个方法。那么，一个初学者，要如何入门呢？

首先初学者需要三样东西：一支笔、一份待办事项清单以及一份番茄记录表格。在执行这个方法前，初学者要把所有要做的事都写到待办清单里，这时候大多数人可能是想到一件事就写一件，没有轻重缓急之分。但接下来当我们要开始一天的工作时，我们就要安排每件事情的完成顺序和完成时间，然后将它们抄到今天的番茄记录表格中。

以我为例，我早上四点起床后，会先罗列当天的所有事情，比如说例行写作、部门会议、商务洽谈、外出拍摄等。在这些事情中，我打算先执行写作的任务，所以就把这个任务先写到番茄记录表格中。这时，我将计时器打开，设置一个25分钟的时间开始专注写作。这里的计时器，既可以是手机闹钟，也可以是专门的番茄计时器。

在这25分钟里，我要避免被打断。那有人可能会有疑问，万一我想上个洗手间、订个外卖、回个微信，或者客户突然打电话过来怎么办？遇到这样的情况我们不能慌，先看看这些事是不是我们现在必须立刻去做的。如果不是，那我们可以把它们记录到番茄记录表中的“计划外事项”，记录好了以后就马上回到专注的工作中来。如果遇到非打断不可的情况，那么这次的番茄时间就作废，等我们处理好事情后再重新设置一个。

当25分钟结束，闹钟响起，我们可能觉得自己还有点意犹未尽，已经沉浸到工作状态里了，这个时候要不要停止呢？我的建议是，当我们的思路、进展正处于活跃、连贯的状态，而且疲惫感不那么强，那么我们可以考虑适当延伸番茄时间。甚至可以直接进入下一个番茄钟。

但是我们也应该清楚，其实番茄工作法的一个周期也不过25分钟，时间还是比较短的。因此在我们的任务安排中，如果是需要高强度连续完成的工作，它究竟是否适合这个方法，是我们需要慎重考虑的。

一般情况下，当一个番茄时间结束，我们最好立即停下工作，在番茄记录表上标注完成，然后开始5分钟的休息。在休息期间，不要想与刚才工作相关的内容，这样有利于放松大脑。

以上就是番茄工作法执行层面的内容，它非常容易操作，而且工具简单，我们今天学习了，明天就能用上。但是不是这样把时间分成“25 + 5”就大功告成了呢？

如果这样想，那我们可能就会错过这个方法的意外之喜。真正学会番茄工作法，不仅要学习它的方法，更要学会它背后的思维逻辑。

番茄工作法背后的核心思维，主要有两点：

第一点是简单思维。要注意，简单不等于肤浅，而是学会简化。最伟大的真理常常也是最简单的真理，因为任何基本的东西都是简单的。那些能一语道破本质的人和能够轻松应付难题的人，还有那些工作效率比我们高的人，只是比我们更早学会了简单思维。

简单思维意味着我们了解自己的目标和价值，关注主要问题，学会摒弃和质疑现有的元素。简单的行事方式应该是：简单、有效、实用、适宜。将事物分解为较小的单位，当它们共同构成一个整体时，这个整体的运作就最为高效。

番茄工作法正是如此。首先，它的概念简单，我们能一句话就说明白这个事，方便和其他人分享；它的工具也十分简单，我们完全可以就近取材，不需要特别购买一些道具；它的步骤更不复杂，只要我们设定好番茄钟，然后专注投入就可以，非常实用。

其次，因为单位时间较短，而且我们在开始番茄钟之前就排除了干扰因素，减少了被打断的可能性。这大大提高了番茄工作法的可操作性和有效性。

正是因为番茄工作法背后的简单逻辑，它的学习门槛低，才方便推广和实施。当然，我们还可以把简单思维运用在我们生活和工作的其他方面。

在运用中，我们只需记住这样几个原则：第一，我们必须足够认可简单的价值，有足够的动力和决心追求简单；第二，简单即意味着取舍，我们需要很清楚自己想要什么，在做什么，什么必须现在做，什么可以延迟做；第三，简单的方式也是需要设计才能得到的，就像番茄钟的设计、苹果的 home 键设计，简单的使用路径也是需要设计的。

番茄工作法的第二个思维逻辑：周期性思维。

周期性大概是最古老的规律之一了。我们的语言里有很多词用来形容它，比如盛极必衰、否极泰来、周而复始、去而复来等。地球绕着太阳做周期性运动，从而有了四季循环；鸟类和鱼类为了适应周期性变化的环境，产生了迁徙、洄游的周期性行为。

其实我们人也不例外。我们的情绪也会出现周期性的高亢与低潮。我们通过刻意练习来学习一项本领时，也要经过周期性的积累。

番茄工作法背后的逻辑也是如此。我们需要事先对完成任务所需的番茄钟数量进行预估，并在事后对比实际所需的番茄时间。不断重复此行为，以减少误差，强化对时间的感知力。我们在培养使用番茄工作法的习惯时，也不是一蹴而就的，而是需要多个番茄钟的不断叠加。

那么，我们了解了周期性思维后有什么用呢？第一，以周期性的角度看待生活和工作，很多问题都趋于简单化，我们的压力也能减轻。因为我们知道这些起落都是正常的，哪怕今天摔到谷底，明天我们可能就触底反弹了。

第二，周期性思维可以帮助我们培养和巩固习惯。就拿我们上篇文章中提到的单点突破法来说，如果我们学会了“计划一实施一总结一评估一再次计划”这五个步骤，并通过周期性的活动重复它，比如说我们在每个番茄钟里都用这个方法实践每一件事，我们就会养成很好的复盘习惯。

在时间管理上有很多方法可以依循，而“番茄工作法”之所以大受欢迎，正是因为它的有效性和灵活性。无论什么方法，都需要我们切实地去践行才会发生效用。人的一生是有限的，而能用来提升自我的时间更是少之又少，只有通过有效的方法将单位时间发挥出最大的价值，才能不落人后、拥有生命的尊严。

24 逻辑思维

逻辑是思维的奢侈

“逻辑思维”这个词我们在生活中常听人说起，比如“新同事小张的逻辑思维能力特别棒”“隔壁老王一点逻辑都没有”。如果这话一不小心恰好被老王听到了，他一定会反驳道，“我都成年了，怎么可能连基本的逻辑思维能力都没有，傻子才没有逻辑思维能力呢！”

但事实上，我们身边有些人可能真的不具备这样的能力。为什么这么说呢？这类人有什么明显的表现吗？还以隔壁老王为例，当他反驳说自己有逻辑思维能力时，我继续追问他，那什么是逻辑思维呢？你是如何锻炼逻辑思维能力的呢？

老王想了想，他的习惯思维模式是把注意力集中在“什么”和“如何”这两个关键词上。然后开始不停琢磨到底什么是逻辑思维，好像是说话时要带上“因为、所以、同时、但是”这样的连词又好像是“归纳总结出一条条规律”。而关于“如何”锻炼逻辑思维能力，是多读书、多学习还是参加培训，老王磕磕巴巴地表达不清楚。

然后老王就发现，自己完全没有思路，脑海中没有任何概念和参考模型。明明自己想的是 A，说出来却成了 B，最后又让听的人理解成了 C。于是，老王开始习惯性地寄希望于老师、领导、家人、朋友，希望他们能告诉他正确答案，直接指导他怎么说、怎样做。

这其实就是缺乏逻辑思维能力的典型表现。它意味着老王以及像老王一样的人，失去了解决问题的能力。比如说在分析问题时容易片面思考，不善于多角度分析，或者对分析得出的各个要素，不能清晰厘清它们之间的关系，比如因果关系、主次关系和矛盾关系等。因此，在面临问题的时候，这类人群就会习惯性无助，找不到答案。

实际上，逻辑思维能力是一种以概念为内容，提出命题，通过推理，论证命题的能力。它是一个标准的流程，而非一种结果。这种思维的流程，每个人都可以习得，只是每个人运用的能力和水平有高低。

逻辑思维能力一直以来都是一个人具有“高阶竞争力”的体现。所以今天我们要解决的问题就是如何培养和提高自己的逻辑思维能力。

在此之前，有人可能会有所怀疑：萌姐，我思维逻辑差和数学不好是不是有关系？这就多虑了，按这么说，世界上数学不好的大有人在，难道所有数学不好的人逻辑思维能力都很差吗？逻辑思维的确是学好数学需要具备的能力，它也是学好其他学科、处理日常问题所必需的能力。数学只是用数量关系（包括空间形式）反映客观世界的一门学科，逻辑性很强、很严密而已。

那到底如何培养自己的逻辑思维能力呢？

一个最标准的方法就是习惯发问法，也就是养成提出问题—分析问题—解决问题的习惯。我们通过各种输入渠道获取知识或事实，在过程中产生疑问，进而自觉主动地提出问题。有了问题后，我们再获取解决问题相关的知识，重组认知，最终解决自己的疑问。

乍听有些不好理解，我们举例说明。同样是看一部电影，不同的人能说出不同的东西。比如就“这部电影怎么样？”这一个问题，有的人只能简单笼统地评价“还好”“一般”“特效太炫了”，有的人还能简单谈一谈演员的表演和大概的剧情。而有些人能从剧情结构、矛盾冲突，聊到这部电影和同类型电影的区别，甚至基于电影本身所表达的对于社会、人类和宇宙的意义侃侃而谈。

为什么会有这种差异呢？因为大多数人都把看电影当作一种娱乐活动，用来放松大脑，增加生活情趣。既然目的是放松，为什么还要思考呢？这就是问题所在。我们失去了在平时锻炼逻辑思维能力的机会。有些人会在看电影时，追问这个是为什么，那个是怎么做到的。很多人可能觉得，这样看电影既费脑筋又缺乏趣味。但我们要知道，从脱离基本的感性判断和简单判断，到提升自己的审美能力，这也是一个需要学习的过程。

不仅是看电影，平时听音乐、看书或与人交流也是一样，我们不能单纯地说听过、看过，而是要自觉地问自己几个问题：为什么看这个？有什么用？通过分析、记录等解决问题形成自己的知识，这样也就培养了自己的逻辑思维习惯。

第二个方法叫作金字塔归纳法。它的步骤是：提出论点，总结结论，给出论据（也就是理由），最后行动。一般如果我们没有练习过的话，在面临问题时通常都是先想到理由，再考虑到自己想说什么，最后等别人回答以后，才知道自己要做什么。现在我们换个思路，想好再说。

我们可以把要说话的逻辑转变成书本阅读。书的目录其实已经包含了我们所有的表达观念。首先，前言是论点概述，是我们想要表达的核心。其次是一级目录，这是我们为了阐述自己的观点方法论，列出的知识范围。接下来的二、三级目录，我们为了阐述每一个大标题，都在这里细化了理论基础和实证检验。最后，搭完了逻辑框架后，你要继续做的就是填充内容了。

我们回答一个问题时，也可以这样在大脑里面构建一本书的目录。以刚刚的电影问题为例，当别人请教我们关于一部电影的评价时，可以从哪些方面来回答呢？首先确立我们的基本立场是什么，比如我们觉得这部电影特别好，那为什么好呢？然后就是搭建我们的逻辑框架，也就是目录。我们衡量了一下，决定可以从视觉特效、演员演技、剧情的结构和合理性、音乐音效等角度阐述。这就列好了我们的一级目录。剩下的就是用“第一……第二……第三……”的表述方式对目录进行补充。

这样看来，金字塔归纳法是不是也容易理解了？这样分析之后，我们就更加言之有据，言之有物了。

最后，我们要说的是分析和推理。

分析和推理要基于两样东西：经验和数据。经验是过去积累的常识和感悟，所以经验越丰富的人做出判断的速度越快，准确性越高；数据就是对事物进行调查后得出的结果，是一种具有某种科学性的结论。

就以我们常见的面试为例。如果是第一次面试失败，我们能以没有经验、不会临场发挥为理由聊以自慰。但是面试都有套路，这个套路我们在网络上或者其他人的经验中都可以了解到。网络上都有面试经验的分享文章，教面试者提前准备一些问题，此外面试者如果仔细一点就会事先对要去面试的公司以及应聘的岗位做个详细调查，揣摩一下面试官的心理，以此做出一些准备。无论哪一种都比一句话说不出来的结果好得多。

真正的逻辑思维体现了一个人具有“高阶竞争力”的潜力。要增强竞争力，必须学会培养自己的思维逻辑。对此，本文总结了三点建议：习惯发问法、金字塔归纳法以及分析推理。让这三个方法成为我们的逻辑习惯，以便轻轻松松应对生活诸事。某种意义上，逻辑思维能力决定了一个人看待世界的角度，你如何看待世界，世界就如何看待你。

25 换位思考

聪明的人在努力地了解自己

有一次，朋友们一起聚餐，聊天时说起朋友A前段时间离职的事。朋友B对此很不理解，直说："真傻，这都快年底了，辛辛苦苦一年，好歹拿了年终奖再走啊！如果我是你啊，我就再忍两天，反正这么久都熬过来了。"

我相信，当时B说这些话的时候肯定也是真心实意为了A好。她看似站在A的角度去想问题，但问题是：她真的做对了吗？

换位思考是一种心理体验过程，需要将心比心、设身处地，才能真正理解当事人的处境。它要求我们将自己的内心世界，比如情感体验、思维方式，与对方联系起来，站在对方的立场上体验和思考问题，和对方在情感上得到沟通。

而那种在决策时随意脱口而出的“如果我是你，我会怎样怎样”的方式，仍然是一种以自我感受为主导，强迫别人按照自己的想法去执行的行为。而这种行为之下，对方对说话者的建议和想法往往并不埋单，甚至心里还产生了不快，“你又不是我，你怎么会知道我都经历了什么！”

所以，我们要换位思考的原因在于，希望我们能摆脱以自我为中心的局限性的思维模式，培养同理心和批判性思维。那么，真正的换位思考是什么？如何才能真正做到换位思考？我们需要**换位思考的三大步骤和一大法则**来帮助我们解决这些问题。

首先，我们要保持大脑和心智的开放，让自己尝试接纳不同的价值观、思维方式、生活经历。意思就是，我们要从心理上相信对方做出这样的选择是有原因的，而不是只从自己的生活经验、认知水平去嘲笑他人。

我还记得我上小学的时候，班级要求统一订报纸，每个月需要十几块钱。当时班上大多数同学家里都是支付得起的。但是有个女孩找到了班长，问能不能不订。那时候很多同学就私底下嘲笑她说：一个月十几块平均下来一天也就 4 毛钱，这都不肯掏，真抠门！

我起初也不理解，直到后来我看到女孩的妈妈在某个街道边摆摊。那天太阳炙烤着大地，那位妈妈的脸晒得通红，汗流浃背地在货摊前操劳着。中午的客流量大，慌忙中女孩的妈妈给一位客人找错了钱，于是追着客人跑了好几百米，转弯的时候还不小心摔了一跤，客人没追到反而把膝盖磕出了血。但是她还是爬起来，一瘸一拐地走回摊位继续卖东西。

这件事让我感触很深，这就是女孩不想订报纸的心理动机——减轻家里的负担。但是当时我们很少有人看到这一点，或者即使我们看到了，也不一定理解。毕竟每个人的家庭环境、经济条件、生活经验都不一样，我们总是习惯性地“以己度人”。而只有当我们打开自己，包容地去接受不同的价值观念，才能做到真正的心不盲、眼不盲，看穿事物的本质。

当我们从心理上愿意相信对方一切都事出有因，并准备好接纳他的原因。**接下来，我们就要学会认真聆听，了解他的想法。**

对方的需求是什么？关注点在哪儿？为什么这么关注？在听的过程中，我们一方面要换背景思考，就是从对方的视野、对方的观点、对方的身份地位去思考；另一方面我们还要按照对方的思路和逻辑思考。

就以刚刚提到的朋友A为例，当朋友A说她要离职的时候，我先告诉自己她这么做一定有她的原因，然后静静地听她吐苦水。

在听的过程中，我就了解到她之所以迫不及待地跳槽，是因为公司的剥削太严重，完全没有正常的休息时间，全是大夜班，也不给调班。而且同事之间互相甩锅，性格比较内向的朋友A简直成了背锅侠，更别提公司不完善且不透明的晋升通道了。用朋友 A 的话来说，每天一想到上班，心里都是绝望的。

这么一来，综合我对朋友 A 的其他了解，我就快速找到了她在这次抉择中的关注点：工作安排不合理、同事关系不和谐、晋升前景不明朗。朋友 A 之所以这么关注这三点，是因为长时间作息紊乱和精神压力过大，已经对她的健康造成了很大影响。她原计划今年夏天开始备孕，调养身体也需要时间。而且长期夜班，导致她的作息和家人都不一样，也不利于她建设和谐的家庭关系。

此外，她的年纪也是一大原因，原公司的晋升渠道不透明，她不可能在同一个岗位上再耗上三四年，所以必须重新考虑自己的价值和出路。

这样想来，我就十分能理解朋友 A 的选择了。她很清楚自己现阶段最看重的是什么，所以这样的选择也并不坏。

认真聆听能帮助我们了解对方的需求，那么，**最后我们要做的就是共情，这是换位思考的本质。**

其实不管我们怎么换，肯定也不可能真正成为对方。所以我们换位思考的目的是和沟通对象产生情感上的共鸣，了解他们开心的是什么，担心的是什么、恐惧的是什么，关注的是什么。这样我们才能更好地沟通和采取行动。

就像朋友 A 向我吐苦水时，我会在她伤心时宽慰她："那段时间你一定很辛苦"，会在她愤愤不平的时候支援她："他们那么做确实太过分了！"我让自己沉浸到她当时的情境中，感知她的情绪情感、思维方式、生活状态，我才能真正产生共鸣。

以上就是如何实现换位思考的三大步骤，此外，还有一个简单好记的辅助方法叫作 6 把椅子换位思考法则，能够提醒你避免掉入自我中心的陷阱。

这 6 把椅子分别代表了 6 个看待问题的视角。

第一，主观视角。也就是我们自己的视角，我们要了解自己内心深处最真实的想法和感受。

第二，客观视角，就是第三人视角，其他人如何看待这个问题？我们和他们的想法是否一样？他们的想法有哪些漏洞？尝试从其他人的回答中完善自己的思考。

第三，相关视角。我们要从当事人或相关人那里了解情况，以及他们对这件事的看法，以便我们在换位思考中能真正触及对方的内在需求。

第四，发展视角。当我们在聆听对方叙述的过程中，需要情感的代入，但不能完全沉浸在故事和情绪中，我们还要保持清醒，厘清事件的前因后果：事情是什么时候发生的？为什么会发生？中间经历了什么？事情的走向是怎样的？

第五，积极视角。如果对方向我们求助如何解决一件事，而我们发现即便自己站在对方的角度也不能解决问题时，可以尝试想象：如果是自己所推崇的榜样或导师面对这个情况，他们会如何解决问题？积极视角这把椅子主要是为了推动问题的解决。

第六，结果导向视角。带着“问题已经解决”的心态去思考当下，脱离情绪困扰后看这个事件的发展，我们或许就能更客观平和地应对了。

换位思考是一种态度，也是一种能力。这种态度建立在你的开放包容和对沟通对象的信任之上。这种能力是一种高感知力，能够感知到沟通对象的感受和需求。

26 逆向思考
教你脑洞大开

什么是逆向思维呢？又为什么要逆向思考呢？

曾经有位商店经理，不小心把一条高档的裙子烫出了一个洞。有了洞，裙子还怎么卖？这件裙子的成本估计很难收回了。身边的人忙给他出主意，有的说拿同材质的布补一下；有的说在破洞的地方绣朵花；还有的说把裙子改成百褶的样子，反正“洞”不大，这样也不容易被发现。

但经理想来想去，觉得把“洞”藏起来也不妥，迟早还是会被发现的。于是，他考虑过后，干脆就在破洞的周围挖了更多的洞，再加以装饰后，一条新款的裙子就诞生了。在当时的服装行业，这种镂空的设计并不多见，反而瞬间吸引了那些爱美的少女，为裙子打开了销路。

这位经理其实就是用了一种“不正常的”或者说“跳出习惯性思维”的方式解决了问题，还给商店带来了商机。**这种思考方**

式，正是我们今天要训练的逆向思维。

正常情况下，当遇到有破洞的裙子时，我们可能都习惯性地顺着一个固定的思维方向，也就是事物发展的“正方向”来思考问题，因此得出了“弥补错误，把裙子还原”的各种答案。

但这位经理偏偏反其道而行之，制造更多的破洞。那他为什么敢这么做呢？在这里，用我们上节课学过的换位思考法，或许就能找到答案了。对于一个商店经理，他最关注的就是裙子能不能卖出去，这是他一切行为的目标和动力。其次，他还要维护商店的信誉、弥补个人的错误。

显而易见，商店经理从这 3 个关注点和结果期待反推回去，明确了现状，并清点已有的资源。随后，就像“两点之间画一条线”一样，将目标结果与已知现状相连。这样就更容易分析出如何快速、直接地达到目的。

我们要注意的是，逆向思维是从结果倒推现状，而我们正常思维是从现状发展到结果。前者的目的性更强，后者反而容易困在现状里、迷失了目的和方向。

明确了逆向思维是什么，那么有哪些东西可以“逆向”呢？或者说，有哪些相反相成的对立面可以让我们逆向呢？我归纳了三种，分别是方位、属性和因果。

第一种，方位。这在我们生活中很常见，比如说上与下，前与后，进与退，你与我，等等。上文中提到的换位思考其实本质上也是逆向思维的一种，只不过这种方位的概念抽象在人际关系上。还有我们常说的“以退为进”，为了获取更长远的利益，暂时先示弱，积蓄力量以待时机。这也是方位的一种逆向思维。

第二种我们可以逆向的对立面是属性。事物的属性是多个向度的，一件事可以从不同角度去理解，不同角度之间还可以互相转化，比如说生与死，好与坏，大与小，强与弱。

前文中提到过公司的一个实习生 Amanda，她的一个经历就可以作为案例加以说明。Amanda 的学校是南方的，读书的时候自己在学校外面租房住。为了便宜，租的是顶楼。到了夏天，屋内犹如蒸笼，热得简直让人跳脚。

Amanda 只好安慰自己：热就热吧，多流些汗就当减肥了。而且顶层虽然热，但是蚊子少啊，楼下人家都抱怨蚊子多。这样想来，顶层还是有优点的。后来进入雨季，天开始一直下暴雨。Amanda 住的那一块老区地势低，旁边又有个大湖，楼层低的住户家里都被淹了。反倒是她，住得高，没受到什么影响。

Amanda 跟我们说起这段经历时，总是感慨：还好自己当时转换了思路，一件事物的缺点也是可以逆向利用的。谁能保证这个属性下一秒不会转化成对立面呢？

最后，我们还可以逆向因果，意思就是把一件事的成因转化为它的结果，或者说是解决方法。比如说“以毒攻毒”“煮豆燃豆萁”“以其人之道还治其人之身”。我们最开始提到的那位商店经理，用破洞来拯救破洞，也是逆向了因果。

了解三种逆向的对立面之后，我们要怎样训练自己的逆向思维呢？

文章开始也提到了，逆向思维是一种从结果反向倒推的方法，所以它的**步骤也很简单，只有四步：设定结果、反证结果、避免极端和检查清单。**

首先，设定结果。顾名思义就是设定你做这件事的目标和结果。以我为例，我在2017年的效率手册上，写下了一行字——做好张萌萌姐的个人品牌，形成300万粉丝影响力。这就是我的年度目标。

接下来我要做的就是反证结果。自己做一个预设，从当前到2017年年底这段时间内，可能会出现哪些影响我的目标实现的情况？或者说，为了实现目标，我需要具备什么样的条件？我记得我当时写了要筹建内容团队、邀请品牌顾问，还要有详细的发展策略和个人知识更新的输入渠道，以及我个人品牌的输出渠道等。

此外，我还在脑袋里不断预演，如果最后失败，可能的原因是什么？还会进行各种Plan B计划备案，避免意外的出现阻碍个人品牌目标的实现。

做出反证结果后，还要**注意避免极端，**避免去做那些可能导致反证的事，归纳原因的时候不要推卸责任。不能把没有成功的原因都归咎于偶然失误、团队不给力或者平台方不够重视。任何极端的片面的归因，都可能会导致我们走向自卑或自负。

最后，我将自己可以做什么、不可以做什么都整理成了事件清单，将它们一一列入每月的效率手册中。时不时地提醒自己**检查清单，**把那些可能失败的原因也列在一旁，做最坏的打算的同时，做最缜密的准备。

归根结底，逆向思维是一种力求结论成熟、眼光长远的思维技巧。当所有人都往同一个方向思考的时候，也是最有可能犯错的时候。所以，我们可以利用逆向思维，一方面避免自己随波逐流，另一方面领先于大众、感悟到趋势的变化，择机采取相反的行动。我们就会发现，棘手难题也往往会别有洞天。

27 创新力

不创新，就灭亡

我的小侄女 Happy 过生日的时候，我给她买了一大包乐高积木。小姑娘正是喜欢过家家的年纪，拿到积木以后，连说明书都没看就开始搭房子。我就在一旁边看边逗她："Happy，能不能给姨姨和妈妈也搭个漂亮房子？"

小侄女点点头，不一会儿，两栋不一样的房子就搭好了。不仅颜色不一样，楼梯和屋顶的形状也不一样。我问她为什么我的房子那么高，小姑娘说："姨姨长得高，所以房子也高，楼梯也要比妈妈的长。"

我又逗她："但姨姨的房子离 Happy 的房子太远了，以后都不能经常找 Happy 玩。"小姑娘很认真地想了想，然后就用其他积木把两栋房子连在一起，就像搭了一个空中走廊。搭完以后，看了看一边她妈妈那栋孤零零的房子，又把这栋房子也用积木连起来。

起初，三栋房子排成了一条线，第一栋房子怎么也连不上第三栋的，小侄女就重新调整房子的位置，甚至重新搭建房子的部分结构。最后，三栋房子就以最稳固的三角形的状态连在了一起。

我在一旁看，觉得很有意思，这不就是我们常谈的“创新”吗？就像积木一样，不同的积木、不同的数量、不同的玩法就能搭出不同的东西。而这一引发创新的思考过程或思维技巧就是我们要训练的创新性思维。

其实，每个人的思维都包含着两大要素，第一是“想什么”，第二是“怎么想”。创新首先要解决的就是“怎么想”的问题。就像用积木搭楼梯，并不是只有一种方式。所以这就对我们的思维提出了新的要求。只有突破思维定式，学会“怎么想”得更新颖、更有价值，我们才能得到有进步意义的结果。

创新性思维就是改变我们平时思考问题的角度、方式和方法，得出超出平常的新见解。当拥有它之后，我们的目标设计、勇气谋略才可能逐步实现。

那么，锻炼创新性思维有哪些策略呢？对此，我们可以利用“加减乘除法”。

第一种，加法策略。就像 1 + 1 = 2，加法策略就是将目前已有的两个或多个单一的产品元素组合在一起，形成新的产品。

在文章开头提到的搭积木的故事里，其实也用到了这个方法。

如果当房子之间的距离太远、不方便邻里间串门，我们会怎么解决这个问题呢？是干脆把两个房子粗暴地摆在一起？还是把原来的房子拆了，搭成像连体婴儿的样子？

而我那小侄女用的方法就像 1 ＋ 1 一样，尝试找到房子和房子之间的衔接点，用“空中走廊”把它们“加”在一起。既保证了每栋房子的独立性，又可以让三栋房子看起来是一个整体。

很多人会感到好奇：是不是只有同类性质的元素才可以“相加”呢？显然不是，我们还可以尝试跨界做加法，比如我们现在看到的很多综艺节目，演员＋音乐跨界、演员＋厨师跨界等。只要找到了两者之间的衔接点，比如这些活动都具有可观赏性或者说表演性，基于这一点，两者就可以相加。

此外，我们还可以用新旧事物做加法。比如看似已经衰弱的传统电视、广播，加上互联网和新科技以后，就出现了很多视频 App、直播 App 和像喜马拉雅、下班加油站一样的音频分享平台。这都是加法策略背后的创新性思维。

第二种，减法策略。把产品中的某一个元素去掉，让剩下的元素成为一个新的产品。不过要注意的是，删掉的部分应当是产品中必不可少的部分，但又不是最核心的和最无关紧要的功能，这样才能让减法策略发挥最大的威力。

我身边的朋友包括粉丝，几乎人手一本我设计的《赢·效率手册》。市场上也有各种类型的效率手册，为什么不用别的手册呢？他们的答案都是“简洁、好用”。为什么大家这么评价呢？那是因为我在设计《赢·效率手册》的时候，把其他效率手册中都有的每日总结评估环节，通过“做减法”减掉了。

《效率手册》在我们前面的文章中提到的单点突破法中，只属于计划、实施的部分。至于总结和评估，我另外单独打造了《总结笔记》。

为什么要这样做减法呢？第一，没有了总结评估的部分，《效率手册》更简洁、更有针对性；第二，总结反思是基于一个人的效率体系的复盘得来的，需要先做效率手册的目标，以及实施，然后再做总结反思，因此分成两个笔记本，能让人大脑对这四个环节，有清晰的环节意识。这就是在做减法策略。

第三种，乘法策略。什么是乘法策略，它是对产品的某一部分进行复制，再重新整合到产品当中。

以我自身为例，在创办职场人的互联网大学——下班加油站时，我一直在思考职场人到底最需要什么。经过不断地调查研究，反复推翻重来后，我发现职场人需要三样东西：习惯养成、泛学体系和精学体系。针对这三样，我创办了下班加油站，将这三个方面进行整合。

其实，这三个方面中只有泛学体系是我的独创，而习惯养成和精学体系在别的平台上也有所提及，但是我是独创将三方面结合在一起的人，这就做到了一个创新。

最后，加法、减法、乘法都学会了，我们还少不了除法。除法策略指的是将产品的某一部分分解成多个部件，再用新的方式将它们重新组合。就像同一盘积木，可以搭成一栋房子，也可以将其拆解开来组成一座桥。

现在市面上有很多公司或机构举办创业营，它们的课程结构一般以上课、访谈加参观为主。但是在我看来，完整的学习应该拆分为课程学习、实地参访、研讨互动、实战训练等多个模块。因此，我尝试着把这些不同学习模块纳入立德创业营体系中，在往年的创业路演、投资人投资的基础上，增设了企业家个人影响力路演。

为了适应创业领袖 IP 化打造的大时代背景，创业营课程也进行了全线升级，包括课程学习、体验式学习、圆桌研讨学习以及实战训练四大学习模块，这是依据创业者的自身需求开发设计的

以上就是我总结的创新性思维的四大策略，加减乘除，非常好记。当然，其中的运用还需要你举一反三、灵活搭配。并不是一次只能用一种策略，有时候多管齐下还能收获意外惊喜。

掌握了策略，针对如何保持“创新性思维”，我们还需要几个小小的建议。

第一，打破框架，不要给自己的思维设限。生活中，漂亮的皮囊有很多，但有趣的灵魂却很少。“灵魂”之所以有趣，就在于他们思维上的创新跳跃，他们不是一本呆板的教科书，而像一本

行走的大百科。他们面对问题时，不是照本宣科，而是灵活组合自己的知识。

其次，要有死磕的精神。创新需要灵感，但灵感不是天生的，需要长期的积累和全身心的投入。此外，想要创新，我们还要乐于分享，保持开放的心态，敢于提问，乐于学习，积极与他人沟通，借鉴彼此的创意。

言及于此，那我们到底为什么要创新呢？平时生活中，东西旧了，我们会感到不如新的好用；衣服旧了，即使干净整齐，也失去了当年的颜色；机器旧了，无论怎样修理也不如新的高效。东西旧了需要换新的，思维也一样。当我们的思维陈旧时，头脑就容易陷入习惯性的思维圈套。不创新即灭亡。

28 突破自我

没有奇迹就成为奇迹

2017 年 12 月，我创办了全球女性领导者峰会，在开幕式上我曾说过这么一句话："现在很多人都不相信奇迹，但我今天就把"奇迹本人"请到了现场，和大家一起见证。"

我当时邀请了很多知名的女性领导者，让她们来分享自己的成长故事。刘岩就是其中一位。她曾是 2008 年奥运会开幕式的独舞表演者，但遗憾的是在开幕式前夕的彩排中，她不幸从舞台的最高处摔落。

这一摔，她再也没能站起来。这几乎断送了她的舞蹈事业。但刘岩没有放弃自我，出院后她不断做康复训练，从舞蹈家转变为北京舞蹈学院的老师。2010 年，她还考取了中国艺术研究院舞蹈学专业的博士，继续以另一种方式投身于她热爱的舞蹈事业。

这是一段真实发生的故事，正是因为真实，所以过程非常疼痛。但当我看见刘岩自信又美丽地在台上演讲时，我知道她已经从疼痛中破茧成蝶。她突破了自我。

在生活中，我们虽然不一定会遭遇像刘岩一样的苦难，但有些困境总是相似的：

比如我们不知道如何从理论跨越到实践。对于刘岩来说，理论上她不断坚持做康复训练，有百分之一的康复可能性。但这百分之一的可能性非常低，概率始终是概率，而不一定能成为事实。而对我们来说，生活中很多事情也不是纸上谈兵就能成功的。就像我们每日做计划，有多少人能一步步照着做，日复一日地坚持下来呢？

再比如，我们不知道如何平衡“自我”与“他人”的关系，不知道如何面对发展瓶颈、如何规划自我。刘岩在摔下来之前一直都是 A 角，是别人眼中的第一名。但当她失去双腿，失去了这个硬本领，这个时候应该怎么办呢？我们可能也曾经是这样的光环人物，但如果有一天光环不再，我们会如何走完以后的路？

每个人的境遇都不相同，但自我突破的困境既是如此相似，又如此棘手。因此，突破自我的思维方法就变得更加重要。能够实现自我突破，就等于获得了在人生这条道路上披荆斩棘的秘诀。

对此，有两种常用的、好用的思维技巧，它们分别是拿破仑思维和哥伦布思维。各代表了敢想敢干、不破不立的核心内涵。

第一点，拿破仑思维。

我们都知道拿破仑的一生可以说是战功赫赫、敢作敢为。曾经有个高大的法国将军十分不服拿破仑，在一次聚会上故意走到拿破仑跟前，试图用身高来嘲笑他。拿破仑对此只说了一句话：“要是我乐意，我可以马上用剑来消除你我之间的差距。”

是啊，将军与将军之间的较量，比身高有什么用。只要拿破仑拿起剑，战场上有谁敢小瞧他。很显然，武力是拿破仑的长处和优势，他自己也很清楚这一点。所以在任何情况下，他始终坚持自己的主见，用自己的眼光去审视世界，并用自己擅长的暴力手段解决问题。这就是典型的拿破仑思维，敢想敢干。

也许有人觉得这种方式侵略性太强，但拿破仑是杀伐果决的法国皇帝，而在我们生活中，我们没有那样的社会环境，境遇虽不同，但道理都一样。拿破仑思维其实就是告诉我们：目标要明确，保持主见，要准确地知道自己想要什么，并用自己擅长的方法去得到它。

我认识一个姑娘，叫 Angela，毕业后做了几年艺人助理，后来又转做经纪人。她第一次负责项目时，就遇到了不小的麻烦。广告拍摄当天，她发现导演和摄制组都很敷衍，毕竟一个不怎么出名的明星加上并不是很出名的商品，谁也不想为此多花时间。

但这对 Angela 和她的艺人来说就不一样了。这是 Angela 做经纪人的第一个项目，多少人等着看她笑话，就等着她做不好，然后替补上去。所以她很清楚自己想要什么，也十分明白如果此时退缩，会给她的艺人和她自己带来怎样的后果。

于是 Angela 拿出贴满便利贴的广告台本，逐字逐句和导演商量，先用诚意软化对方。然后开始与导演协商谈判，从演员和工作组的努力谈到商品的潜力，又表示了对导演本人的荣誉和个人品牌的关心。

幸好她在此之前摸清了导演的脾气和性格，也搜集了很多商品信息，方便她做出准确的利益分析。她也懂得发挥优势，至少从外观来看，小个子又爱笑的她几乎没什么攻击性，说话时也很温柔亲切。她就像唠家常一样，但说的每一句话都很坚定。后来，当 Angela 在圈子里慢慢做出成绩，每个合作人对她的评价几乎是众口一词：作风强悍、做事严谨、无所畏惧。

第二点，哥伦布思维。

我们都知道哥伦布发现了新大陆，但当时也有人对他的成功不以为然，并挑衅让他把一枚鸡蛋竖起来。如果是你，会怎么做呢？是算一个复杂的力学公式找到平衡点？还是找一个辅助物品来支撑鸡蛋？当时哥伦布用了一个最简单粗暴的方法，他接过鸡蛋后，猛地往桌上一扣。蛋的底部裂了缝，却稳稳站住了。

哥伦布思维给我们的启示有两点：第一点，要敢于去“闯”，很多时候，奇迹都是这么闯出来的；第二，要学会换个角度看世界。尤其是当我们没有优势，甚至处于背水一战的困境中时，要懂得选择另一条路闯出去。

跳高这个项目，我们小时候都比较熟悉。我记得当时老师给的优秀标准是要跳过 1.2 米，但当时我个子还没长起来，而且因为常生病，身体比较弱，筋骨也比较硬。这么看来几乎没有任何优势，但我当时心里就是想着我要拿优秀。那有什么办法呢？

当大家都在助跑速度上做功课的时候，我就想到了奥运会比赛时，一种反向跳高，就是背越式。这种方法要提高的重心高度要小于跨越式。我当时就想着，反正大家的正面突破没有效果，那我来个反面进攻也没什么大碍，最坏的结果不过就是跳不过。

一边想着一边就开始练习，考试时每人有三次机会。第一次第二次都失败了，但是我逐渐找到了感觉。终于在第三次的时候，我有惊无险地跳过了 1.2 米，成了第一个获得优秀的孩子。

所谓不破不立，就是处于绝境之时，在我们认为没可能的地方闯出一条路。

总而言之，当我们陷入工作或生活的困境时，不要慌，记得拿破仑思维，保持主见，敢想敢干，并调动我们的优势技能来寻找出路；如果我们的优势技能此时也帮不上忙，不妨学习哥伦布思维，背水一战，不破不立。

29 罗森塔尔效应

人人都是优等生

在心理学中有个经典案例——罗森塔尔效应，说明了正向激励思维的惊人作用。

什么是罗森塔尔效应呢？这其实是个测试“未来发展趋势”的小实验。心理学家罗森塔尔在一所小学里选了 18 个学生，并声称他们几个最有发展前途。

一段时间后，他发现这些被选出来的学生果然在各方面都进步很大，表现非常优秀。这个漫长的实验一直跟踪到这些学生成年后，他们都在自己的工作领域取得了巨大的成就。

是不是很多人都觉得这些人的天赋真好，罗森塔尔非常有眼光？但其实，当初的 18 个学生不过是罗森塔尔随机选出来的。

他为什么要这么做呢？因为事实证明，当他向学校提供了这份名单之后，所有人都对这些学生抱有更高的期待，而且有意无意地通过态度、表情和给予更多提问、辅导、赞许等行为方式，将隐含的期望传递给这些学生，学生收到以后就给予了积极的反馈。这种反馈又激发了老师更大的教育热情，如此循环往复，这些学生的智力、成绩以及社会行为都朝着大家期望的方向发展。

是不是很有趣？当我们持续地夸赞和正向激励一个人时，居然对他有这么大的影响。**罗森塔尔效应告诉我们的就是，一个人的情感和观念，会不同程度地受到别人的影响。人们会不自觉地接受自己喜欢、信任和崇拜的人的影响和暗示。**

那么这种效应或者暗示背后隐藏的思维方法是什么呢？

答案就是光明思维和激励思维。这两个思维方法听上去就让人觉得非常地积极和阳光，事实也确实如此。

光明思维是一种进取思维，它代表了一种积极向上的处事方法，这里面包含着执着、信心和勇气。我们常说的积极心态就是光明思维的结果。一般来说，光明思维可以分为三个等级：

一级光明思维是指我们能看到世界有黑暗也有光明，这就好比我们认识到自己和他人都既有缺点也有优点，在处事上我们可能有所得也可能有所失。如果只看到他人的不足，傲慢和偏见就会产生。任何深陷于得或失的人，也都无法从容自如地生活。

二级光明思维是指，我们要看到黑暗可以转化为光明。老话常说，塞翁失马，焉知非福。得和失之间可以互相转化。

最后，三级光明思维，是要我们相信无论黑暗与光明都能充实人生。优点和缺点构成了完整的我们，得与失充实了我们丰富的人生。人无完人，所以我们不可能要求自己完全不犯错，或者要求别人永远保持正确。

通过以上的光明思维，我们可以逐步建立积极的心态。只有在自我状态放松、乐观的基础上，我们才能进一步锻炼自己的激励思维。

激励思维，不仅是自我激励，还有对他人的激励。正如罗森塔尔效应中心理学家的行为，我们要锻炼激励思维，需要设置优等期待。

以我自己为例，首先我自己就是个拥有光明思维的人，换句话说，我的心态很好，我愿意包容自己和别人。所以无论是工作、学习还是生活，我都很自信乐观，并有勇气去尝试改变和创造。

在这种积极心态的影响下，我从小到大对自己都有一种优等期待。我坚信，不管问题多么棘手，只要我努力去做，就一定能成功。比如2017年最后一个月，我就打破了两个魔咒：一个是做电商的人，“双十二”战不过“双十一”；第二个是在喜马拉雅平台上，第二季的课程没有第一季受欢迎。

这两个魔咒就像是光明下的黑暗，首先我并不逃避也不恐惧它的存在，其次我相信我能行，我能征服黑暗，我能冲破那些所谓金科玉律的思想束缚。而事实上，我也确实做到了。

对自己的激励是这样，对他人也是如此。我总抱着激励他人的思维，而不是完全靠批评和指责的方式让对方改变。

这样的心态，也归功于我的母亲。她非常有智慧，她教育我的方式一直都是先给一颗糖，然后再说我存在的问题，让我改正。这让我能够先在母亲的引导下给予自我肯定，然后能积极地接受母亲提出的问题，并主动地加以改正，所以在我后来的生活和工作中，我也这样对待他人，只是方式变了一下，先批评再给糖。我知道每个人都想取得成功，但是每个人更希望获得他人的鼓励，在激励过程中获得自信和自尊，才有动力做到最好。

那么，我们具体要怎样锻炼和运用光明思维和激励思维呢？

首先，注重评价的作用。自我评价和他人评价都会对实际行动产生重要的影响。作为一个公司领导以及教育行业的研究者，我对这一点深有感触。

评价一个人也有技巧，比如要夸下属最近工作做得不错，不同的人会怎么夸呢？第一种会说："哎呀，小明你今天的活干得不错呀！"第二种是："小明啊，我认真看了你这周的工作总结，我认为各方面完成得都还是不错的。"第三种是："小明，我仔细地看了你写的报告。我觉得你这次比上一次更有进步了，思考问题更系统，而且很多细节都注意到了，总体来看还是很不错的。"

这三种评价高下立判。第一种很笼统，只是给对方贴了优秀的标签；第二种表达了自己的感受，但对小明来说，他还是不知道我这次到底进步在哪儿。第三种相对比较好一些，从小明的角度纵向衡量了他的进步，并指出了细节上的进步，这等于为小明指明了进步的方向。从心理学上来看，第三种对他人的激励作用最大。

其实我们在激励自己的时候也是这样，不要吝惜夸奖自己、鼓励自己，但这种评价和夸奖一定要具体、有层次。

其次，激励的时机很重要。什么时机激励自己最好呢？当我们做一件事情前肯定会做个计划阶段，在那个时候鼓足勇气，增强信心。在计划开始实施阶段，我们的好情绪就会产生一系列化学反应，让我们的头脑和身体维持在一种积极乐观向上的状态。这样我们的各种机能都处于良好的状态，工作起来就有效率，人际关系也会更融洽。

最后一点，注重情感的交互作用。根据吸引力法则，我们用光明的一面吸引到的，总是另一半光明的他人。其实人与人之间就是这样交往的，打个比方，我们表现出来的情绪，其实就是向周围发射的一种电磁波，一种能量。我们对别人发射厌恶、鄙视、歧视、愤怒的电磁波时，他们就会感受到一种挫败、受侮辱感。有些人不反抗，变得自卑；而有些人就会变得偏激，故意和我们作对。

光明思维和激励思维两个积极的思维方式很好地验证了罗森塔尔效应，通过前者，我们学会自我肯定和积极思考，在此基础上对自己和他人设置优等期待，正向激励自己和他人，有益于我们的个人提高和工作效率的提升。这两种思维在我们面对人生困境时，或者与人交往中都非常实用。

30 思维训练

冰山下的潜能与技能

很多人或许听过这样的新闻：母亲下班回家，看到年仅三岁的孩子从窗台上掉下来。在大家都以为这孩子没法救的时候，母亲张开双臂，以百米冲刺的速度上前接住了孩子。要知道孩子虽然轻，但从高空掉下来，冲击力是很大的。

那为什么这位母亲能在这么短的时间内顶住这么大的冲击力接住孩子呢？难道她以前是个运动员吗？答案显然不是。这就是我们在身处绝境或遇险的时候，激发出的不寻常的能力，是我们隐藏的潜能。

科学家研究发现，人贮存在脑内的能量大得惊人，比计算机还要高 100 倍，大概能容纳 5 亿本书的知识，但我们的大脑平常可能只发挥了 10% 甚至更少的作用。试想，如果我们能发挥到 50%，那么我们可以轻松学会 40 种语言、背诵整本百科全书、拿下 12 个博士学位。这听上去是不是很酷？

每个人的能力并不是都能完全被察觉的。如果拿冰山作比喻，露在水面上的一小部分，是我们已知拥有的知识与技能，这部分是显现的；水面下更大的山体是潜能。潜能是我们潜在的能力和能量，它可以在不同的情境下发展和表现为不同的实际能力。潜能不代表我们目前的实际能力，但可以决定我们的未来能力。

应用到我们的职场生活和自我发展来看，一个好的领导者和一个优秀的自我管理者，就会通过挖掘下属或自己的潜力，实现赋能。

那么，如何发掘那些被我们忽视或者还未开发的潜能呢？我把它分为自我发掘和他人发掘两部分，分别对应两种思维训练：增值思维和杠杆思维。

有些人可能也会有点好奇，潜能和思维训练有什么关系？其实道理很简单，我们思维训练的目的，归根结底是开发我们的潜能。每个人都会有一种或多种智能天赋，挖掘出这些天赋并施以最佳的教育就是思维训练的工作之一。

首先，自我发掘。自我发掘是我们主动性的行为，也是潜能发掘中最基础的训练。这部分我们可以通过**增值思维**的训练来完成。

增值思维是这样一种思路：有时，我们在做一件事的时候，不能陷入定式和功能固着。定式让我们习惯性保持以往的心理趋势，功能固着是指我们只能看到事物的通常功能，而看不到其他可能。

换句话说，增值思维就是要打开思路，保持开放，这也是桥水基金创始人瑞·达利欧先生在《原则》一书提及的。想着把事情做得更漂亮、更有价值，有了这样的想法，我们就有了为自己赋能的干劲儿。

以我自己为例。创业前期，我开过连锁咖啡店。但我不想只是死板地开线下门店，我想让它更好玩。于是，我把很多潮流科技新品，比如无人机、3D 打印机、可穿戴设备，还有个性化定制服务都融进咖啡店里。早在 2015 年年初，这是当时很创新的一种模式。

后来，“互联网＋”的概念火起来，我觉得是时候与时俱进了。所以我们尝试把个性化服务做到极致。怎么做呢？比如说一个简单的杯子，在我们店里，它就不单单是一个器皿、一个商品。顾客可以通过扫二维码，了解杯子的制作流程。甚至如果有需要，杯子厂商与顾客可以一起坐下来，聊聊私人定制。

但我觉得这还不够，这样的咖啡店还只是一家商店，别人都可以模仿。那它独一无二的标签是什么？我觉得它可以更有温度。

所以在和团队商量后，我把个人品牌和咖啡结合在一起，也就是将“早起”“创业者”“青年领袖”等人性化的概念与咖啡绑在一起。这样，它就融入了青年人的价值理念。

可这就足够好了吗？不，我还在继续给它增值，或者说我还在挖掘把这件事做到极致的潜力。当然，在这个过程中，我也一直在给自己增值。为什么这么说？因为只有我不断地为自己增值，我才有足够的知识储备和能力去解决创业过程中的问题。

从创业到现在已经 5 年了，每一年我都会发现自己的进步。我能感觉到，跟 5 年前的自己相比，我现在的资源统筹能力、应变能力以及格局都不是一个量级的。这个增值的过程就是我不断挖掘自己潜力的过程。

除了自我发掘，还有他人发掘。群众的眼睛是雪亮的，我们的亲戚朋友、老师领导，他们都是帮我们挖掘潜能的“重要他人”。他们对我们的评估，往往很清醒、迅速、准确。

比如当我们在公司供职，对于我们的工作能力、抗压能力、职业规划，领导有时比我们自己更想发掘我们的潜能。

这时候他会怎么做呢？他会用杠杆思维来实现。阿基米德说过：“给我一个支点，我就能撬动地球。”这描述的就是杠杆原理。但其实杠杆不仅可以撬动地球，还可以撬动信息、物质、情感和能量。

比如我们平常买房，30% 的首付就能撬动 100% 的房产；我们在银行存了 100 万元，银行用这 100 万元去投资，撬动了千万元的回报。这都是杠杆思维下的放大效应。

如果我们是一个领导者，可以怎样以一件小事或项目，去撬动他人无限的潜能呢？

第一，要做到开放式的沟通，尽可能多与员工交流，了解他们的能力；

第二，保持组织内各部门之间的紧密合作，在合作中最能看出一个人的能力多少；

第三，工作职位应该定期进行评估和设计，使工作永远具有挑战性和成就性；

第四，工作规范具有一定的弹性，工作计划可以随实际情况做出合理的调整。

相对应，如果作为一个普通员工，我们能配合做好以上几点，也有利于帮助你挖掘自己的潜力。所以啊，这看似是他人挖掘，其实都是相辅相成的，你成就我，我成就你。

我做个人 IP 的时候，从 2016 年开始策划，2017 年实践了一年，在多家平台实现了时间效率类第一、职场第一、微博职场大 V 等荣誉。这也使得公司业绩快速增长，至少涨了 10 倍。

做到一定高度之后，我发现个人品牌发展战略不仅适用于个人，还能帮助企业家、创业者以及职业经理人等具备高竞争力的群体突破壁垒。而此时，我也积累了一些经验、人脉和认知度，我觉得自己可以尝试去帮助别人、挖掘他们的潜能。因此，我创办了一系列个人品牌打造计划，比如知识 IP 人才个人品牌培养计划（人生效率合伙人）、企业家个人品牌打造计划，线下个人品牌课程以及线上超级 IP 个人品牌训练营，并在全国拥有 50 余位知识 IP 合伙人，帮他们打造个人品牌，打造知识 IP 联盟一起进步。

年龄和潜能没有关系，被别人看轻、恶评，也并不能左右我们的潜能。每个人的潜能都像个沉睡的巨人，等着我们去唤醒。如果我们不满意现在的环境，想力求改变，那首先应该改变的就是自己。我们得先认为自己行，才能发挥潜能。对潜能的强烈信念是世界上最伟大的力量之一。

31 思维空间

未来人与现在人

在前面几篇文章中，我们已经讲了正向思维、逆向思维、创新思维、杠杆思维等具体的思维方式，但它们都是比较具象和分化的思维。当我们遇到一些特定的问题时，可以把它们调出来解决问题。那有没有一种思维可以不受点、线、面的约束，“立起来思考”一切问题呢？

有一次，一个朋友跟我说，他实在忍受不了一个下属了，正在考虑要不要辞退他。据朋友说，这个下属聪明帅气，平时工作能力也很不错，但就是不会和同事相处。会议上不留情面地批评别人，说话直接，行为鲁莽。有时候也不管是不是公共区域，直接当着大伙的面发脾气。

如果是你，你会给我这位朋友出什么主意呢？

大多数人可能第一反应会从换位思考的角度，认真聆听，了解他的想法，然后友善地给出“解雇或不解雇”的建议。也可能会从逆向思维的角度来判断，如果辞退了这位下属，是否有消极结果。还有种可能是，抱着光明思维和激励思维的想法，劝我这位朋友再观察观察，和下属好好谈谈。

说到底，如果不考虑更多的话，这似乎不是一个太难选择的问题，答案无非是“解雇还是不解雇”。但是，如果我们考虑得更多一点呢？

比如，这个下属之所以这么做，是因为他本身能力非常强，而且追求完美，性格严谨。

又比如，我这个朋友其实本身并不擅长管理和激励，而且做事圆滑，算是职场上的老好人、老油条。

再比如，其他同事可能对这位下属并不反感，反而觉得他真实又可爱。只不过从这位朋友的简单逻辑来看，不留情面的批评一定会招致所有人的讨厌。

由此看来，这里头其实有个陷阱。当我朋友问“要不要解雇下属”时，我们的答案非常容易陷入狭隘的二元化思维中，只有“解雇”和“不解雇”两种情况。

当我们这么专注于问题本身时，我们好像就看不到别的选项了，其他那么多思维方式似乎也派不上用场。这时候，我们就要赶紧拓宽自己的思维空间，用立体思维把握全局。

思维空间，我们可以把它想象成一个房间，有长度，有宽度，有高度。这意味着，我们在思考一件事的时候，是三维角度，不仅要考虑它的现在，以及它与周围环境的关系，还要看到它的未来趋势，尽可能全方位地反映它的整体。

而我们今天要介绍的立体思维，就充分考虑了事物存在的空间，从点到线，从线到面，从面到立体。它要求跳出问题本身，选择更高的角度去观察，去思考。

那么，要怎么实现这个高度呢？

第一，遇到问题时，我们要保持质疑的态度。很多时候让我们深陷困境的原因，不是我们缺乏这方面的知识，而是问题本身隐藏着公式。在问题面前问自己这件事非做不可吗？有其他的可行方案吗？当我们做了这个步骤后，我们的高度可以超过 80% 的人。

第二，多思考“为什么”而不是“做什么”，事前缜密思考会让我们事半功倍。就像文章开始提到的那个例子，如果我们深入探索事情的真相，多问几个为什么，而不是着急给结论，可能就会看到这件事背后更多的可能性。

在这个过程中，尤其要警惕我们常会被对方描述的情绪所感染，也有可能我们自己也不喜欢和那样的人打交道，但只有冷静克制，我们才能看到全部事实。

第三，要增加思考角度。比如我们思考一款创业产品，就可以从用户需求、个人优势和个人匹配、社会稀缺性、社会认知以及接受程度、投融资等多个角度考虑。特别是从大众容易忽略的角度切入，往往能让我们的思维更有高度。

那好，当我们拥有立体思维中的高度之后，怎样延伸思考问题的宽度和长度呢？

一直以来我都有一个习惯，就是以两种人的姿态同时存在于这个社会，一个是现在人，一个是未来人。

现在人，这种身份坚持的是一种裁缝思维。

有一条街上有三家裁衣店，每家店都名声在外，因此竞争很激烈。三家店的老板为了吸引客户，先后在店铺前放了广告牌。第一家店铺的广告上写着“本店拥有全市最好的裁缝”，第二家店铺看了以后，不甘示弱，生怕自己掉价，就写了“本店拥有全国最好的裁缝”。

按照这个思路，第三家店的老板会写些什么呢？夸自己是“全世界最好的裁缝”吗？但这位老板不走寻常路，他写的是“本店拥有这条街上最好的裁缝”。这个广告一摆出去就引来一片叫好。

这个老板的思路其实很简单。眼前的对手，才是真正的对手；现实的问题，才是对我们来说最有意义的问题。对于我们来说，现在目之所及的是实现一年中紧急又重要的目标，比如和领导谈升职加薪、带领企业实现产值目标等，这些都是今年必须要解决的现实问题。

“现在人”的身份我们大多数人都能兼顾。**但一直以来，我还非常重视“未来人”这一身份的开发，**比如那些重要但不紧急的目标，就像未来一年我希望提升自己的硬本领以及软实力。

因此，我要为自己构建强大的输入体系，包括以人为师、阅读、行业会议与培训班，以及“行走有力量”。像我在 2017 年，就实现了做成张萌萌姐的个人品牌这个目标。但这还不够，我还在紧锣密鼓地学习国际公益理论知识。这是为我 2023 年创业梦想中兴办立德大学提前做好准备。

我们不能光为“现在人”而活，还要为“未来人”而活。在“未来人”的身份上，我们要锻炼的其实就是一种超前思维，要未雨绸缪，用长远的眼光，对未来早做规划。这样才能在未来到来的那刻，提前准备好。2018 年，我对自己、团队以及粉丝提出了一句口号：“2018，过有准备的人生。”

32 均值回归

保持清醒思考

有一种特别有意思的思维方式，叫作均值回归。乍听之下有些难以理解。我们举例说明。

有一次，一个亲戚家的孩子遇到了问题，她妈妈让我给他做做心理辅导。其实事情很简单。这个孩子正读高三，今年就要参加高考了。他以前在学校里的成绩一般，但前两次月考都考得不错，能排进年级前三十名。

作为学习进步的“典型”，老师在班上特别夸奖了他，把他的试卷给同学们传看，还让他在班上分享学习经验。他妈妈也十分高兴，说要给他各种奖励。但是这个孩子有些不高兴，觉得老师把他的试卷到处传了，自己的运气就散了，万一下次考得没那么好怎么办。

他也不肯要家里的礼物，反而是下意识地“惩罚”自己，在奖赏面前故意克制自己。意思就好像是：你看，这次我本该拿这么多奖赏，但是我少拿一些，下次老天还会眷顾我。

可他没有意识到的是，正是因为前两次的超常发挥，他才有机会被表扬、被奖赏。但问题是，这两次的表现是他一贯的水准吗？或者说，这是他的成绩“均值”吗？是他通过长期努力得到的结果吗？还是只是一时运气好呢？

这就涉及一个非常有意思的规律了，它叫作均值回归。这原本是金融学中一个很重要的概念。投资过股票的人，可能都知道：股票市场有这么一个现象，当下股价不管是高还是低，这个状态都不是永久不变的，当它到达临界点的时候就会向价值中枢回归。很多有头脑的商人就通过这个规律来赚取利润。

所以，均值回归其实就是这个道理：世界上没有真正的稳定，任何事物包括人，都在围绕着一个均值波动。因此，我们不会长时间停留在一个偏离正常值的状态。不会永远倒霉，也不可能永远走运。就像弹簧一样，要么一直拉长失去了回弹的力量，要么就恢复如初。投资者了解了这一点，他们就不会被短暂的收益冲昏头脑，能够继续保持理性。

除了投资以外，人生的很多方面也体现了均值回归。比如我们身体不舒服，家人就带我们去看医生，每次这样做的第二天我们就感到明显好多了；再比如我们最近正在学唱歌，有一天唱得特别糟糕，于是我们就去找声乐老师学上 2 小时，下一次我们又可以唱好了。于是，我们逢人便夸我们的老师多么多么好。

这些例子都跟文章开始提到的考试成绩一样，无论是骤然上升还是下降都只是均值回归的表现。下一次考差了，不是因为学习退步，而是成绩逐渐回归到均值水平；生病痊愈了，也并不完全是因为药物，身体的自愈功能也发挥了很大的作用；唱歌不好，可能只是因为我们当天状态不佳，并不代表我们的实际能力。

在这种情况下，我们要做的就是：别被一时的状态所迷惑，而要保持理性。相信事物的发展终究会回归它的正常趋势。

那么，知道原理以后，我们如何利用均值回归的思维来实现自我提升呢？

第一，提高均值。不同人的均值差异很大。既然要回归，就要想办法把均值提高。我们的均值由我们的能力和内心的欲望决定。所以想要提高均值，就要努力修炼自己的硬本领。我们每个人的真实水平基本上是平稳上升的，每多学一点，知识水平就提升一点。关于修炼硬本领的方法，我在前面的文章中提过很多，这里就不再赘述。

第二，保持平衡。从表面上看，人生成功与否是看谁能够实现更高的目标。实际上，真正厉害的人较量的是，在靠近目标的过程中谁的平衡做得好。

比如说，有的创业者非常富有冒险和创新精神，所以我们回顾起他做的事，总觉其有大起大落之感。可能这个公司前两年一下子就冲到了行业前头，但别人还没来得及喝彩，它却倒闭了。

所以我在做个人品牌的时候特别注意这一点。品牌创立之初，我不会追求速度，而是选择打好基础，做好定位。因为我知道自己当时只是一个素人，各方面条件还不够完善。所以这时候的我找到最适合自己的赛道后，就开始磨炼硬本领以便厚积薄发。

后来，我慢慢把个人品牌与线下咖啡连锁店、立德领导力、早起电商等联系起来，朝着个人卡位、个人平台化发展。这时候，我要做的是占领人们的心智，提高认知度。所以我的精力和重点会从硬本领转移到品牌营销上。

近两年又兴起了知识经济，要想让他人无法跟随、无法复制，我们就要掌握快速学习的能力。没错，修炼硬本领的重要性，在这个阶段似乎又被突出了。我们也可以由此看出，所谓的平衡都是相对的、变化的、前进的。我们要根据事情的不同性质，判断和预设不同的平衡点，同时要注意分阶段保持平衡，注意小平衡服从大平衡。

第三，抓住反弹机会。在均值回归中我们会发现，最低谷的时刻意味着最大的进步空间。这背后体现的其实也是一种底线思维。什么意思呢？

底线思维是一种典型的后顾性的思维取向，它要求认真理性、计算风险和危机，估算可能出现的最坏情况，并接受这种情况。

那知道了底线思维有什么用呢？这就好比我们知道了谷底在哪儿，那往上爬难道还不容易吗？无论选择哪一条路，都能见效。这样一来，就可以更好地克服我们的恐惧心理，就能看到事物的远景，对下一步行动做到心中有数。面对不同的替换方案和解决方法时，也会比别人更加开放和包容。

虎父可能也有犬子，强将手下也会有弱兵，这都是我们生活中很常见的均值回归。只是我们习惯忽略这种规律，而是找一些莫须有的说法和迷信来解释“回归”现象。

33 自我认知

打开眼界格局第一步

在本书前面的文章中我介绍了很多实用的思维技巧。这些技巧能够帮助我们掌握工具和方法，为我们在思维管理中打下基础。有了这层基础以后，我们需要进一步提高自己，做一些顶层设计。

格局与视野就是思维管理中比较高级的部分。而打开格局的第一步，其实是几个很简单问题：我是谁？我在哪儿？我该干什么？我现在有什么？

这些问题耳熟能详，当我们不知所措的时候，这些问题就像弹幕一样闪过我们的生活画面。那为什么要问这些问题呢？

以前，有三个人到北京来打工。他们一边砌墙一边聊天。一个哥们儿说："我真没用，我居然在砌墙。"另一个哥们儿则说："不不不，我们是在盖一幢大楼！"

而第三个人看着外头的车来车往，说道："我们是在建造一座全新的城市。"

故事的结局很老套，想必很多人都能猜到。10 年后，第一个人继续砌墙，第二个人摸爬滚打成了一名工程师，第三个人成了前两个人的老板。

故事虽然很戏剧化，但我们可以尝试分析这里面的道理：为什么三个人发展不一样呢？答案其实就在我们文章开始那几个问题里：我是谁？我在哪儿？我该干什么？我现在有什么？

很显然，第一个人对自我的定位就是一个砌墙工人，他只顾着抱怨生活、埋怨自己。第二个人要好一些，不拘泥于一砖一瓦，而是认知到了自己建造大厦的能力。但他依然不如第三个人，因为后者的眼光从脚下的大楼延伸到整个城市建设。他看得远，所以走得更远。

就像一句谚语说的：再大的烙饼也大不过烙它的锅。意思就是，我们想烙个大饼，但如果锅只有这么小，那我们也没办法。我们所期望的未来就好像这张饼一样，能烙出多大的饼，取决于一口叫作"格局"的"锅"。

格局是我们对于自己所处的环境局势的认知，视野是我们所能观察或认识到的范围或程度。要想打开格局，我们首先要认清自己当下的状态。怎么认清呢？

一开始我们就要想明白，想当哪种人？就像砌墙的故事，我们想当山脚下的人、半山腰的人还是站在山顶的人呢？每一类人看待世界的角度都是不一样的，需要付出的东西也不同，人生赛道也是不同的。我们要知道自己身处何地，想去哪里，方法是什么。

其次，我们要认清自己的优势和劣势。成功的战术万变不离其宗，只有两个基本要点：第一，面对对手，以长击短；第二，面对自己，扬长避短。

比如我知道自己在演讲方面具有较大优势（当然我也是从站在台上快吓晕过去练起的），于是我围绕这个优势来开课、出书、给企业家做培训。另外，我了解自己喜欢分享的特质，相比台前更喜欢幕后，擅长做平台以及资源整合。于是，我把这一长处和我的创业结合起来。

当然，也有人可能会问，如果我不了解自己呢？此时，还可以通过我们身边的人认识自己，发现自己的优劣势，这就是“与人同行”的重要性。如果想要拥有大格局，身边就应该聚集一些拥有这样格局的人，常跟比自己厉害的人在一起很关键。同理，想要了解自己的发展现状，就看看那些与我们交往的人。

我在做知识 IP 之初，结识了很多朋友。但是后来一点一点地，这个朋友圈就缩小了。因为一部分人还没做出 IP，就被乱花迷了眼，转行做别的去了；再往下走，一部分人觉得自己小有名气，能出畅销书了，就止步不前了。

我一直有更高远的梦想——创办立德大学与互联网大学“下班加油站”，我需要更杰出的老师，培养并赋能他们。于是发展了人生效率合伙人，从孤军奋战到组建一个知识团队。它包括策划、内容创作、运营、媒体宣传、影响力打造等部门，足以独立培养出一个知识 IP、教育 IP。在这过程中，我接触了很多知名的企业家、教育名人。我从他们身上就看到了当下自己所处的位置：我在干些什么，拥有了什么，还可以继续做什么。

解决了自我认知之后，我们还要做什么呢？很简单，分辨和提升层次。

我们的思维层次，大概可以分为事、人和原理三层。这和我们在工作中的跃迁有点像。我们总是先学会做事，到了管理层以后学会选人、用人，再往上走可能只剩下一小部分人，他们能根据局势形成一套符合局势的解读，升华为原理。

格局，其实也就是我们的认知层次。当我们说一个人的格局很大时，就是夸他能看到别人不能看到的东西。因为在认知层次中，都是从上往下看的，每提高一层，我们就能看到不同的风景。这就跟我们爬山一样，山脚下的人很难想象山顶上的人看到了什么，又是如何思考的。

那我们应该如何提高层次呢？对此，我们要学会推倒城堡法。

城堡的现实意义在于我们的认知积累。所有的知识都是日积月累的产物，包括固定知识、解决问题的方法、思维定式等。这和本书前面在知识管理模块介绍的“知识宫殿”差不多。

假设某一天，有人拿出了确凿的证据证明你的认知城堡是错误的，完全不成立的，你会有什么样的反应呢？我想，我们大多数人的第一反应是抵触，然后找各种理由来反驳，因为我们不愿意丧失城堡带来的安全感，哪怕它是错的。

这在经济学里叫作“沉没成本”：我既然已经有了这么一座城堡，而且为它付出了那么多时间、精力和金钱，如果推倒了，那我岂不是一无所有了吗？于是，为了避免让自己损失太大，我们就选择了固执己见。

所以提升层次的第一条就是要有勇气推倒自己现有的城堡，保持升级的心态，与卓越者同行，敢于让沉没成本沉没。

第二条，是要学会站在更长远的时空角度来看问题。

打个比方，公司要选拔前 5 名参加培训，A 的能力很好，但笔试成绩只是第六。而 B 能力比 A 弱，但笔试成绩能排前三。按规则来说，B 最后会被选上。但是 B 真的比 A 更有资格参加培训吗？这就是典型的视野局限的例子。

如果把时间再拉长，我们会发现，一个人在某个时间点的选择在当时看是正确的，但如果在 10 年后来看，可能并不比另一个选择更好。

同样地，当我们聚焦在自己的那口井，甘愿做井底之蛙时，我们只是做出了暂时适合当时情境的决定。然而当我们在某天境遇发生改变，之前正确的决定和主观评价可能就不再适用。这是因为空间和时间发生了改变，相应的对象发生了改变，因此规则也会随之改变。

自我认知是对事物发展方向和发展空间等进行预判的基础，因此，要想有大格局，就需要我们真切做到正确的自我认知，这也正是格局的第一步：了解自己的当下状态，认清自己的层次，敢于做出改变。

34 格局

突破你的“人生天花板”

我有一个好朋友，她从本科到硕士学的一直都是电影学，她非常喜欢电影，每次跟我们提起电影的时候，她全身都散发着光芒。但就在我们以为她毕业后一定会从事这一行业时，她选择了回到老家武汉，在一家党政机关做个普通的办事人员。

大概在她回去的两年后，我有一次去武汉时见到了她，两人闲话家常时，我忍不住问她当时为什么选择留在武汉。她说她家里人认为这是一种稳定的生活方式，电影创作什么的对他们这种普通家庭来说太遥远了，几代人里都没有做这个工作的。

我心里感到些许可惜，当年她跟我们说了那么久的电影梦，不知道还在不在。她自己也沉默了一会儿，然后跟我说：“萌姐，电影梦我一直都有，从来没丢掉过。其实这几年我一直很后悔当初没有坚持自己的想法。”

那次见面过去没多久，有一天，她来消息说，她辞职了，准备只身一人来北京发展。到北京的第一天，我陪着她去布置新房子，房子的条件不是很好，又小又旧。但她依然很开心，是重获新生的那种喜悦。

几番波折后，她成功地找到了电影界里一家知名的大型公司，担任着（在我看来）很有发展空间的职位。她很努力地在那个公司学习，就像个海绵一样拼命吸收所有关于电影的行业知识。两年后，她开始筹备自己的电影创业公司，还找到了志同道合的老公。再想起以前那段浑浑噩噩的日子，她感觉自己就好像在看另一个人的生活。

其实生活就是这样，不同的选择，可能就决定了我们不同的人生道路。选择不同的城市，选择安稳还是挑战，都体现了一个人的格局。

在生活中，我们的目光很容易被所选的道路设限。有哪几种道路呢？比如乡村小道、县道、省道、国道等，我把它们都统称为人生赛道。这并不是指真的走在这几条路上，而是一种比喻，一种对我们目前格局的评估。

比如有些人视野狭隘，可能他的水平就只在乡村小道上，转来转去无非是自己脚下的一亩三分地。而有的人可能走的是国道，投资大，路况好，想法更宽，行动能力也更出色，所见的世界更丰富多彩。

如此对比，显而易见，**原来的赛道其实就是我们的天花板。**一直走在乡村小道上，那我们所能看到的、做到的就是我们目前的极限。哪怕我们在这条道上跑出了第一名，但我们真正超过了多少人呢？就像我那个朋友一样，只有当她跳出了原有的赛道，比如进入了县道或省道，她才能更进一步，才能发现更大的世界。

也许有人觉得**这太抽象，无从下手。对此，我有几个小建议。**

首先，要了解真相。我们都听过一句话：未经思考的人生不值得过。所以第一步，要像柯南一样去思考、去发现生活真相，这里有三个问题可以辅助我们找到线索。

第一个问题是：这份工作或当下的生活，是不是我们所喜欢和留恋的？这个基础判断将影响我们跳出目前赛道的意愿和决心。我们可以盘点目前拥有哪些东西，它们对我们的影响分别有多大。

第二个问题是：我们真正想要的是什么？是金钱？是梦想？还是舒适和安稳？这条线索考查的是其他赛道对我们的吸引力。

明确了这两个问题之后，第三个问题自然就浮出水面了：对于我们真正想要的东西，我们赋予它的时间和精力是否足够？换句话说，我们目前的行动配不配得上我们的梦想？这条线索指向的是我们与其他赛道的差距。

弄清这三个问题，其实我们已经触碰到了自己的天花板，了解了自己的处境，包括愿不愿意跳出赛道，为什么愿意跳出赛道，我们目前和下一个赛道之间差了什么。

了解真相之后，要做出不被动的选择。

就像我的那位朋友，她起初选择回武汉，是因为受到了家里人的影响，从而做出了被动的选择。

我们公司有个同事，跟我那位朋友有过相似的经历。他毕业后父母给安排了一个稳稳当当的事业单位工作，福利好，薪资高，但他干了一年就辞职了。

在他看来，这从来都不是他自己的选择，从小学到高考填专业，他从来没有选择的权利，他的人生都被父母安排得妥妥当当。如果他继续保持原来的轨道，不出意外，工作的第二年就会和父母觉得不错的女孩一起结婚。这样一眼就看到人生结尾的日子，他已经受够了。

我很理解他的感受，所以即便他的专业和我想要招的人员条件不合适，但我还是想让他试试。从 0 到 1，从一个风马牛不相及的专业到负责电商平台的运营，从最开始的一个专员到现在的主管，他成长得非常快。除了他之外还有好几个跨专业的同事，他们出于各种原因来到这里，而相同的本质都在于想要突破自己，想要做一次属于自己的选择，而他们都成功了。

最后，我们要学会借力，通过环境和平台来实现赛道跳跃，拥有大格局。

我最开始创业的时候，落户在北京市朝阳区。众所周知，朝阳区是北京所有区里经济最繁荣的一个区。那在朝阳区里又选哪个位置呢？因为我们做的是 C 端业务，也就是消费者业务。我就在想：“北京哪个地方人流量最大呢？”北京有三大旅游景点，分别是故宫，798 艺术区和长城。而这三个地方中 798 艺术区不仅位于朝阳区，而且最贴近年轻人的喜好。所以最后公司就选择落在 798 了。其实这种选择就是一种基于地缘优势的格局判断。

我在做“又忙又美”品牌时，微博上常有粉丝问我：“哎呀，萌姐你用什么护肤品？你穿什么牌子的衣服啊？你的化妆品可以推荐一下吗？”这些都是女性很私密的话题，当时我想既然这么多人想知道这方面的信息，不如就把它做大吧。

后来我的团队与直播平台达成合作，打造了一档目前较受欢迎的女性成长类栏目，叫作“又忙又美说”。在直播里我经常会讲到这些女性热议的话题。但有些推荐的品牌太过小众，国内没有相应的供应商，需要在国外直接进行采购。

于是，为了方便粉丝购买，我决定组建产品团队把那些小众品牌谈过来纳入电商部门。起初只是粉丝们简单的购买欲求，后来发展成了一个专门的业务线，到现在我们的电商板块包括了文创、美妆、咖啡、保健品等业务。

这些都说明什么呢？我们拥有的最大资产是我们的头脑，学会观察和思考能给我们带来改变的机遇。但同时平台也很重要，这是我们实现赛道跳跃的杠杆工具。这里说的平台不只是微博、直播等社交平台，还包括更多更丰富的内涵，比如我们的团队和人脉。

总而言之，关于如何实现人生赛道的跳跃，突破人生的天花板，首先我们要了解自己当下的处境，看看我们的天花板是什么。其次，要勇敢地做自己的选择，坚持自己的想法。最后，可以像运动员跳高时利用撑竿借力一样，向身边借力。

35 圈层

朋友圈决定你的视野

在进入本文的主题前，我们先来做个小测试。打开微信朋友圈，浏览 5 分钟，然后尝试给朋友圈里的信息归类。分析哪类信息在我们的朋友圈出现的频率最高？

这个小测试，我之前也在公司做过。大家的答案五花八门，有人的朋友圈充分展现了“民以食为天”的真理，火锅猪蹄板栗鸡，蛋糕烧烤冰激凌，浏览下朋友圈就饱了。

也有人的朋友圈被各种晒“娃”，这里说的可不仅仅是孩子，还有比儿子女儿更亲的猫猫狗狗小仓鼠，甚至游戏宠物。这样一比，那些心灵鸡汤、化妆品安利都算不上什么。

所以测试结果出来的时候，公司的同事都很意外。

没想到同个办公室里，每个人的朋友圈画风竟然这么不同。然后他们都很好奇我的朋友圈是什么样子的？

于是，我的助理在我同意之后打开了我的手机，翻开朋友圈后明显露出一副了无生趣的表情。大家传看之后，都默默地向我抛来了同情的眼神。还是实习生的Amanda心直口快地吐槽了一句："萌姐，你的朋友圈太无趣了，分享的大多数都是商业新闻、行业案例，要么就是一些大佬在做公益慈善。你平时刷这些不无聊吗？"

这是一个很好的问题。那么，对大家来说会觉得无聊吗？

其实，我觉得一个人的朋友圈很重要。它会从侧面反映出此人的品位，也会影响此人的格局和行为。当然，我这里说的可能就不仅仅是微信朋友圈了。在我们生活中，如果我们的朋友圈里是一些有爱心的人，我们也会在他们的影响下去奉献自己的爱心；如果我们的朋友圈里是一些积极向上的人，他们每天都在努力挑战生活和工作的不易，我们也会忍不住向他们看齐。

就拿我来说，我很感谢我朋友圈里的人，他们自身都是非常努力的人，而且不吝啬分享自己的宝贵理念和经验，构建了我的信息圈层。

所以当很多学生问我：你是怎么想到这个的？你怎么知道以后会这样发展？你为什么认识这么多优秀的人？答案就在于我有一个圈子，这个圈子影响着我的格局，决定了我平时与谁同行、看到什么、听到什么以及关注什么。

圈子的本质还是人脉，因此当圈子里共同属性的成员互通有无、彼此借力时，便能发挥出 1 + 1 > 2 的能量。

那么，问题也来了，既然圈子与格局之间的关系如此紧密。**我们要如何打造一个能够提升自己格局的圈子呢？可以先做这三项基本工作：**

第一，要确定自己的圈子是为什么目标服务的；

第二，选择圈子的价值成员；

第三，让我们的努力配得上自己的圈子。

首先，确定圈子的服务目标。以我为例，我做的是职场教育行业，所以我的目标就是：让每个职场青年都能听到优秀的企业家前辈系统地分享职场经验。

如此一来，我的目标就变得非常明晰了。首先我选择积累的导师圈层一定是来自国内外杰出的大企业。那么企业圈层就是我重要的圈层平台。第二类圈子就是青年用户群体，他们一部分来自互联网平台，另一类来自高校。我们跟全国的“985”和“211”高校，都建立了积极的合作关系。所以，当这两个圈子打通之后，就可以为我职场教育这个目标添砖加瓦了。

我身边很多朋友会选择报一些商学院的班，即使不知道它是什么，也会跟风报名。前两天有个朋友来问我，他说：“萌姐，你有没有什么推荐的商学院啊？”我就问他：“你进商学院的目的是什么呢？你有什么目标么？”他说他只是单纯想去混个圈子。之后我又问他：“那你混圈子的目的是什么？”他回答说：“别人都上了，我总不能掉队吧。”

显而易见，这就是一种很盲目的投资，“别人干什么我也要干”的想法既没有为目标服务，也没有计算投资回报效率。当我们选择性地进入某个圈子时，一定要做好目标规划，尤其在信息投资、自我投资方面更是如此。

当我们知道了要积累什么方向的圈子之后，我们应该考虑如何选择圈子的价值成员。

平时我们进入一个圈子，大多情况下都是顺势而为。比如上学的时候，同班同学构成了一个圈子，上班以后同事、同行和客户就构成了另一个圈子。这些圈子的准入门槛往往是由环境决定的，比如学校学院、专业性质、工作领域等。

那当我们为了提高自己的格局，想主动构建或进入一个圈子时，如何评估这个圈子的价值呢？换句话说，我们如何知道这些圈子成员能否互相助力呢？对此，有两点建议：

第一，估计成员的能力和潜力。我们可以从他们目前所取得的成就和荣誉，以及他们在谈吐中所展现出的格局与眼光来判断。

此外，我在与人交往的过程中有个小习惯，当我们第一次互相添加了微信之后，我会先点开他的朋友圈判断他是一个什么样的人，格局怎么样，平时喜欢做些什么，关注哪方面的资讯，这些都能从朋友圈里观察到一些蛛丝马迹。

第二，了解他们的分享能力。很多博闻强识的人不一定懂得分享、乐于分享。就像有人一年可能只发一两条朋友圈，有人平时在工作中从不主动发言，除非受到别人咨询。甚至有些人面对别人的请教时，可能会推三阻四。一个人的分享能力也是他格局的一部分。

那么，当我们知道了要进入什么样的圈子，以及圈子里每位成员的格局状况后，最后我们要反过来问问自己是不是配得上这个圈子。这就是对我们自己的格局提出要求。

在我自己创业的过程中，我一直很排斥“使用家里的人脉”。我认为一个女性要学会独立自主，首先就不能依赖这些资源，尤其当我们的能力还不足以发挥这些资源的最大效用时，那是一种浪费。

在面对圈子里的朋友时，我的心态也是如此。他们都是社会各界非常优秀的人才，他们对自我的要求和对事业的顶层设计都有着比常人更大的格局。所以，为了在这个圈层里不被淘汰，我需要不断地完善自己的输入输出体系，锻炼自己的硬本领。

同时，我也一直在学习他们的观察方式和思考视角，就像我们在《自我认知：打开眼界格局第一步》中提到的，我们的认知层次都是由上及下的，山脚下的人很难想象山顶上的人是如何思考的。但现在山顶上的人正在我们的身边，我们一定要把握住这个观察的机会。

与谁同行，将决定我们的未来。如何打造自己的圈子，将决定我们格局。而格局，在一定意义上决定了我们的人生。因此，我们只有努力放大拓宽自己的格局，才能发现和实现人生中更多的可能性。

36 逆商

真正打败你的是畏难情绪

一个人面对困难的能力也是他格局的一部分。

有一天，我的一个女学生很伤心地过来告诉我，她这一天过得相当不顺。早上起床洗漱时，她丈夫把手机放在了洗手池边。她担心手机进水，就把它放在了更高的、摆着毛巾的柜子里。

丈夫洗完脸以后，眯着眼，伸手去拿柜子里的毛巾。这一拿可不巧，手机被毛巾一带，就从柜子里掉了下来。当时手机屏被摔碎了一角，但看上去似乎还能用。

吃早饭时，丈夫把手机放在桌子上，儿子想要玩手机就伸手去拿，但是没拿稳，手机又摔了。这次手机屏彻底被摔碎了。丈夫很生气，狠狠地骂了儿子，转头又责怪妻子为什么早上要把手机放那么高。我那学生也很委屈，于是两人就吵了一架。

没想到的是，从这顿早饭开始，接下来的一天，就跟多米诺骨牌似的发生了连锁反应。一方面是丈夫出门后想到自己有份文件没带，只好回去拿，到了门口发现自己的钥匙也没带。儿子上学去了，妻子也上班去了。丈夫只好借小区门卫的电话通知妻子来送钥匙。

于是，我那学生就匆匆忙忙地往回赶，路上开车还不小心闯了红灯。丈夫等她送来钥匙，拿了文件赶到公司后还是迟到了，被上司在会议上点名批评了一顿，心情简直坏到了极点。我那学生也没好到哪儿去，一个月的全勤奖也因此丢失。

另一方面，他们的儿子也因为早上的事心情不好，导致考试时没发挥好。还和同学在学校打架，被老师抓到后又是一顿严厉的批评。

显而易见，这些事件的起因，摔坏的手机大概占了 10%，剩下的 90% 都是蝴蝶效应所致。但因为没有控制好那 10%，最后三个人都付出了 100% 的代价。“闹心的一天”就是这么开始的。

我们换个思路想，如果当时那 10% 控制住了，丈夫没有发脾气，而是体贴妻子的细心，安抚儿子的自责。后面的事情还会如此不尽如人意吗？

前面的 10% 我们可能无法控制，但是后面的 90%，却是在我们的能力范围之内。这种人们身处逆境时的反应状态，或者说

面对挫折和摆脱困难的能力，就是“逆商”，英语缩写是 AQ。

如果说情商是与他人相处的能力，逆商就是和自己相处的能力。

一个人的 AQ 越高，格局越大。他在面对逆境时更积极乐观，能够接受困难的挑战，也能发挥创意找出解决方案。相反，AQ 低的人容易陷入情绪的陷阱，会常常感到沮丧、迷失，处处抱怨，逃避挑战，做事也容易半途而废、自暴自弃。这就跟我们得了感冒一样，康复能力完全取决于身体的免疫力，逆商就是我们思想的免疫力在发挥作用。

我们当下正是处于一个拼逆商的时代，失败并不可怕，可怕的是我们无法从失败中走出来。那么，到底该怎么做，才能提升自己的逆商呢？

首先要确切地了解高逆商的人应具备的特征，包括挫折控制力高、责任归属感强、准确把握问题影响范围、准确认识负面影响的持续时间等。确认了这几点后我们就要不断地加强这几个方面的训练。

第一，凡事不抱怨，只解决问题。

在学生时代，我去其他公司实习的时候，我发现了一个很有趣的事。有一个公司员工对自己的工资不满意，起初只有他在抱怨，但这种情绪很快就在办公室传染开来，大概有十几个人都在抱怨。在这个消极氛围下，所有人工作都缺乏了动力，导致失误连连发生。

这种现象其实并不奇怪，因为抱怨者在抱怨时需要听众，并且要争取听众的认同，所以他会不自觉地夸大事件的严重性和范围，并且会尽力与听众的切身利益联系。在这种鼓动下，自然会有越来越多的员工偏听偏信，最终加入抱怨者的行列。

我把这个事告诉了一个朋友，她说这是因为“坏事情”影响了当事人的气场。当事人越觉得烦躁，事情越会发生多米诺骨牌效应。因此，她总是劝我，要保持好心情。

其实，站在科学立场来说，情绪发泄只会拖延解决问题的时间，耽误一系列事件的正常运行。所以，碰到不如意的情况，不要怪东怪西，而是要把我们发泄情绪的欲望都放在解决问题上，少一分抱怨，就多一分时间来进步。

第二，锁定影响范围，不要放大挫败感。

这是什么意思呢？就像我最开始提到的那个案例，不管是丈夫、妻子，还是儿子，他们都不约而同地让“坏情绪”持续影响了他们一整天，导致了后来不管做什么都不顺心。

我们在社会中往往会扮演很多角色，比如妻子、母亲、儿女、领导、下属等。处于不同身份的我们有不同的圈子、不同的面孔，承担着不同的责任。如果我们在工作中受了气，难道要把这种负面影响带给家人吗？难道他们理所当然地要承受你的怒火吗？显然不是。

同理，当我们失败了一次，难道就要从此退缩，否定自己的能力，逃避困难，恐惧接受其他工作吗？当我们把一件事的挫败感无数倍放大，它势必会影响我们的未来发展。

第三，先看优点，再看缺点。

遇到挫折时，我们的第一个念头是什么？我们不妨好好问问自己。逆商高手的做法往往是先问自己：现在有什么是可以珍惜的？换句话说，在挫折中找优势，并把它转化成进步的助力。

比如有一天我们突然失业了，一时间感到非常惊慌。但换个角度想一想，我们现在有了更多自己可以支配的时间，正好这个工作我们也不是很喜欢，正好还可以拿着不错的资遣费去换个城市生活，甚至进修第二专长。

又比如有一天我们失恋了，那也不用要死要活，我们又有了大把的时间来自我提升，开发一个新爱好，多交一个知心朋友，通过这些事来转移注意力，让自己比以前更有竞争力。毕竟，自怨自艾解决不了问题，懂得在逆境中找机会，才是高逆商的表现。

最后，我们还可以做的是，记录当下的不幸，变成日后的幸运。

我印象最深的是公司业务刚刚起步的时候，有很多行业对手通过各种途径抹黑我们。刚开始我很懊恼，但清楚地知道这是对我的一种考验。于是我把那些负面谣言都打印出来，一条一条分析，发现其中有一些说的还是有道理的，于是公司就在此基础上自我完善，公司的业务也变得越来越成熟。

任何产品和服务都需要不断完善，对手的挑剔，正好让我有机会发现自己的盲区。我把这些都写到自己的人生错题本上，经常翻开进行复盘。

迄今为止，我的人生错题本一大半都变成了经验总结，这个趋势还在继续。我也把这个方法分享给了身边的朋友和同事，鼓励他们一起记录自己的挫折。塞翁失马，焉知非福，当下的不幸，将刺激我们保持清醒，变成日后的幸运。**苦难对于天才是垫脚石，对于能干的人是一笔财富，对于弱者则是一个万丈深渊。**

37 差距

你和牛人到底差在哪儿

在一次聚会上，我认识了一个新朋友，大家都叫她红姐。红姐家有两个孩子，对孩子的教育非常上心。她还加入了一些妈妈群，群里经常有粉丝找她一起探讨育儿经。群里一些妈妈以为她是这方面的专家，总是“老师老师”地叫着。看她这人气，俨然是一群妈妈中的意见领袖。

那红姐真是一名育儿专家吗？或者是位全职妈妈吗？其实都不是。她是个很厉害的甜点师，每天一大早就去店里准备好当日的限定甜点，很受周围白领们的欢迎。红姐的奋斗史非常励志。十几年前刚来北京时，全身上下就只有租房子的钱，跟在酒店甜点师傅身边当学徒，一跟就是十年。后来出师后就辞职单干，直到现在开了自己的门店。

红姐怀孕的时候闲着没事，就开始研究育儿，从一开始在网上找资料，到后来去专业机构学，这期间，她攒下了一本厚厚的育儿笔记。现在听她分享育儿经验，哪怕一个门外汉都觉得很有意思，不仅句句实用还附加了自己的体会。她还会定期在自己微博上更新育儿的相关话题，拥有了大量粉丝。

我很欣赏像红姐这样的人，认真对待每件事，不给自己设上限，不放弃学习和提高自己的机会。我身边还有很多宝妈朋友，她们和红姐一比就相形见绌了。安心躺在床上当个尊贵的孕妈，听着老人这里嘱咐、那里安排，凡事也不操心。直到孩子出生后才手忙脚乱，怪这怪那。难道她们没有时间或没有金钱去学习育儿知识吗？当然不是，她们也可以做到，只是身上少了像红姐那样的一股劲儿，正是这股劲儿拉开了人和人之间的差距。

那么具体差在哪儿呢？该怎么缩小差距呢？

差距的第一种表现是对待选择的态度不同。有些人选择迎接挑战而有些人却选择安逸。就像红姐她完全可以生完孩子找个保姆来养，她却花费心力去自己研究，这就是态度的差异。我们平时和别人同做一件事，做事结果却总有差距，其实就是输在了态度上。别人比我们更重视这项工作或任务，为此付出巨大的努力，这样的他们凭什么不比我们成功呢？

差距的第二种表现是执行方式的不同。有人习惯了马上去做，而有人喜欢拖延。同样是生小孩，你在生产前有大把时间准备，何必要等出生后才慌张地做功课呢？

第三种表现叫作呈现的成功方式不同。像红姐那样，在他人研究基础上补充自己的实践心得，并且主动分享给其他人，为他们答疑解惑。这就和那些伸手党明显不同了，后者往往是别人给什么他就做什么，或者是藏着掖着生怕别人学去了。这就是境界的差异，或者说是格局的差异。

差异是客观存在的，但差距是可以缩小的。从红姐的故事里，我们其实就可以总结出一些缩小差距的方法。

第一个方法就是：用精细化思考克服天性中的选择弱势。什么意思呢？就是把选择对象分解为不同的维度，然后分别就不同的维度做出评估。

假设我们现在正在找工作，手里已经有了几份录用通知书，那要选择哪一家呢？这里，我们就可以来拆解几个维度。比如先看薪资，看看谁家给的条件好。对得起自己的心理价位后，接下来要对工作环境、工作福利、工作前景、同事关系等因素做个对比。分别列出好坏之后，再给这些条件排序。看看自己到底最在乎哪个。等这些都考虑后，分析得出的第一位就是最后的答案。

第二个方法是即刻行动。开始做一件事，比做好它更重要。因为只要开始了，我们就有机会把它做得更好。所以我们要懂得“现在”就是最好的时机＋“敢比会更重要！”。

厉害的人总是行动派。这句话在我上学的时候就深有体会。

了解我的朋友都说:“萌姐，难道还有人比你更‘行动派’的吗?”当然了，在我开始“一千天小树林”计划之前，我曾见过很多学长学姐，不知道多少个日夜一直都在图书馆里学习或在实验室里做研究。当时的一个念头就是，如果我现在还不开始练习的话，就会和他们相差很多。

所以那时候我就像屁股后头着火似的，逼着自己赶紧定计划并行动起来。这后来也慢慢变成了我的一种工作习惯，就是即刻行动，以精益创业的方式去做事，才能专注地完成最核心的工作。当然这个过程中，也不能忘记要在实践中复盘自己。

第三个方法是融汇式学习。什么意思呢?就是我们要学会向自己提问、深入事物的深层进行解码、在实践操练中将原本独立或疏远的知识加以融合。这是一个出色的学习者需要具备的基本功。

以宝妈们的育儿学习为例，并不是每个人一开始就知道如何做一个合格的母亲，在这个过程中每位母亲都需要不停地学习。家里的长辈可能会告诉我们他们是怎么把三四个孩子抚养长大的，但同时他们肯定还会说:“当时的条件那么艰苦，都挺过来了，现在的孩子随便怎么拉扯都行。”这话没错，时代在变化，所有的经验教训也在不断地更新迭代。这时候就需要取其精华，去其糟粕。不是所有土方子、老方法都是科学的，我们必须自己学习，再加上前人经验，一步步实践深入，尽全力做到更好。

当然不仅仅是育儿这件事需要如此，无论生活还是工作，都需要这样的融汇式学习。

其实人与人之间在出生时并没有拉开太大的差距，但是走着走着就会有所不同。也许大多数人都经历过这样的一些瞬间，大脑里总会有一个强烈的声音响起：“那么拼干吗？差不多就行了吧！”

这个声音一出来，我们的人生紧迫感是不是就开始松动了？然后我们仿佛就看到了永远叫不醒的人，看到了从不控制饮食以致大腹便便的人；看到了每天早上设闹铃但又按下闹铃晚起的人。这些人总有一句经典的口头禅——人生，差不多就行了！

当我经历了自己的决定性瞬间，我就与“差不多先生”彻底绝交。我开始运用精细化思考来克服天性中的选择弱势，即刻行动以及融汇式学习。其实，每一个这么做的人，终会慢慢缩小和那些传奇性人物的差距。

第四章

人脉管理

PART ④

38 人脉

你的社交圈就是你的净值

随着我们阅历的增加，认识的人越来越多，如何良好地维持感情，推动人际关系的雪球效应，这些都需要科学的方法。因此,“人脉管理”就显得尤为重要。

大学刚毕业时，我的一个朋友小张去了报社上班。他的工作主要是负责和广告客户对接，所以经常能接触到一些大客户。小张是很实在的人，每次在谈合作的时候都很积极，大事小事都会征求客户的建议，对方对他的态度也很满意，觉得自己受到了重视。一来二往，他也就积累了不少客户资源。

三年后，小张决定出来单干，那时合作过的某企业恰好要开拓新市场，对方负责人和小张合作久了，相信他的人品和能力，双方一拍即合，就把旗下的某个产品的独家销售权给了他。

后来我们几个朋友之间的私下聚会，小张很多次都因为工作太忙而错过了。有个朋友感慨说："小张是碰上了好机遇。"而另一个耿直的闺蜜认为："这是因为小张人脉经营得好，不然就凭他一个人出来单干，和其他大型的乙方公司怎么比。"

这个闺蜜的话，不无道理。人脉越丰富，机会就越多。美国斯坦福研究中心曾经发过一份调查报告，上面说：**一个人赚的钱，12.5% 来自知识，87.5% 来自关系。**这个数据让大多数人大吃一惊。

这就说明，人脉在一个人的成就里扮演着十分重要的角色。在平时，人脉资源可以让我们比别人更快地获取有用的信息，进而转换成升迁机会或者财富；而当我们遇到棘手的事情或难关时，我们也会希望遇到"贵人"带带自己，帮自己转危为安。

那么，既然人脉这么重要，对于一个刚接触人脉管理的人来说，我们可以做哪些基础准备工作呢？**我们不妨先通过扫除交际心理障碍、赢得第一印象和"1=250"定律这三个步骤来"试一下水"。**

第一步，扫除交际心理障碍。

每个人都遇到过这样的窘境：认识的人迎面走来，你从老远就看到人家，但就在这短短几秒里，你试图开口打招呼，但是对方却没有看到你。这时候举起的手是放下还是不放下呢？有些人会觉得无所谓，但有些人就会十分受挫，认为对方视而不见是故意的，或者对他有意见，从而产生了躲避心理。

这样的误会不在少数，以前我有个同桌也是这样，比较内向。新学期都要过一半了她都没和我讲过话。有一天我决定和她好好谈谈，结果她支支吾吾地开口说，开学的时候她在校门口碰到我，很高兴地喊了我一声，但当时我没有理她，而且整个人看上去冷冷的，她就觉得我可能不太喜欢她，所以不敢主动和我接触。

听完她的话，我感到十分郁闷，如果我没有主动和她聊这件事，可能在她心里我就直接被判定为一个不礼貌、高冷、难相处的人了。

所以在平时与人的交往上，我们要摆正自己的态度，不要产生“单方面”的想法，或者说稍稍厚脸皮一些，别被对方一时的表现给吓退了，万一他只是刚好那天心情不好呢？

第一步之后，第二步我们就要赢得对方的第一印象。

无论是升学、面试还是与能者结识，第一印象都决定了事情发展的关键走向。我还记得我以前做采访的时候，经常要采访一些行业翘楚。这些人的时间都很宝贵，看来者顺眼可能就多聊几句，如果看来者不顺眼，回答问题时就会比较官方，比较敷衍。所以这时候，如何处理第一次见面给人家留下的印象，就很重要了。

首先，我们要表现得投入，真诚地欢迎别人，并给人以安全感，如此我们就能够让别人感到放松，从而成功地邀请别人与我们交谈。比如在对方说话时，要认真倾听，并时不时地点头或附和对方的话，让对方感受到我们是真的在关注他，他受到了重视。

其次就是谈话的主题。当我们尝试去结识一些能者大咖的时候，其实坦白说，我们都是“有备而来”的。至少要提前了解对方所在的领域、公司和他的职务，甚至他曾经带过的项目以及获得过的奖项。这么一来，我们所谈论的话题就不只是“今天天气真好”“你的西服真好看”这些没有技术含量的内容。

我们可以从生活、时事、文化，聊到对最近某个行业新闻的解读和疑惑。当你用新思想、新视角满足了对方的好奇心，才能让对方对你产生兴趣，觉得我们或许是个值得一交的同道中人。

当然，如果我们真的对对方所在的领域一无所知，比如对方是互联网行业的，而我们是学茶艺的，两个领域似乎风马牛不相及。但没关系，它并不妨碍我们表现出自己在茶艺方面的专业性。专注并热爱自己工作的人，同样让人充满好感。

最后一点，要在与其第一次见面时，恰当地展现自己的三观，通俗来讲，就是传递正能量，不能开口就提“我那工作怎么怎么不好”“最近哪里又倒霉了”。没有人喜欢第一次见面就被当作垃圾桶，被灌输各种负能量。

在初次见面表现好之后，进入第三步——“1=250”定律。

什么意思呢？这是一位汽车销售员得出的结论，他叫乔·吉拉德，曾连续12年荣登吉尼斯世界纪录大全世界销售第一的宝座。然而35岁前乔·吉拉德是个全盘的失败者，他患有相当严重的口吃，换过四十个工作仍一事无成，甚至曾经当过小偷，开过赌场。这样的人生反转是怎么做到的呢？

通过多年的销售经验，乔·吉拉德发现每位顾客的背后，大约都站着250个人，这些大多都是和他们关系比较亲近的人，比如同事、邻居、亲戚、朋友。所以如果一个推销员在年初的第一个星期里见到了50个人，其中只要有两个顾客对他不满意，到了年底，由于连锁反应可能就有5000个人不愿意和这个推销员打交道。

这就是乔·吉拉德的1=250定律，说明在任何情况下，都不要得罪哪怕是一个顾客。所以在他的推销生涯中，他时刻注意控制自己的情绪，不因顾客的刁难，或是自己心绪不佳等原因怠慢顾客。

他的“1=250”同样适用于我们积累和经营人脉。我们每天打过照面的人何止一个两个，但他们背后有无数的人际网。如果没有控制好自己的情绪和态度，将不止一个人会对我们产生不好的评价。

相信我们平时经常听到这样的话，一个人说：“我三大姑说隔壁家谁谁谁人品不太好呀。”另一个人马上接话：“对啊对啊，我表姐也是这么说的。”由此可见，我们获得对一个人的评价，相较于直接观察，其实更多的是源于间接的方式，比如别人对他的评价。因此，这提醒了我们人脉是有雪球效应的，我们在处理时需要谨慎控制自己的情绪和态度，避免“多张面孔”带来的麻烦。

这三步是人脉管理的基础，主要是帮助我们在人脉管理方面获得初始认知，以便找到敲门砖。在接下来的文章中，我们会逐步深入，探讨一些具体的人脉管理方法和体系。

39 关系催化剂

“吸引力法则”

假如有一天，你身无分文甚至背负巨债，而你的朋友愿意借钱给你，感恩激动之余，你有没有思考过他为什么会这么做呢？

假如有一天，你发现，你的同事、朋友、爱人都在与你为敌，让你感到痛苦不堪，这背后又是因为什么呢？

在回答这些严肃的问题前，我们先来“知识热身”一下。有一次，公司同事给我推荐了一款游戏，叫“开心消消乐”，很多人也许没玩过，但想必听说过。游戏操作很简单，只要让三个及以上的同类动物横竖相连，就可以把它们消除了。

为什么要提这个游戏呢？它难道能回答前面那两个人生问题吗？和本篇文章的主题有关系吗？答案是，

当然有关系。当我们玩“消消乐”的时候会发现，只要滑动小动物，相同特征的动物被吸引后，就会触发很多神奇的效果。

在现实生活中，人与人之间是不是也存在这样的吸引力，能引发一系列连锁反应呢?

我从其中得到很多启示，比如“吸引力法则”。什么是“吸引力法则”呢？我们可以这样理解，在我们身上发生的每一件事，都是我们“吸引”来的。我们在生活中越在意什么、越关注什么，那我们的意识和想法就会吸引什么。

在人脉管理这部分内容中，“吸引力法则”作为关系催化剂能产生意想不到的效果。当然，很多人可能也有疑问：“我还想和马云做朋友呢，为什么天天祈祷都没有用？”对此，我们要明白，**吸引力法则的作用在于它会增加让愿望变成现实的概率，如果不懂得方法，概率就会下降。**

那么具体的方法是什么？如何训练自己的吸引力呢？对此，我们要遵循**三个原则，分别是正向输出原则、公平和谐原则和自我输入原则。**

首先是正向输出原则。

我们在和人交往时常常会有这样的体验：和某某打交道总能让人感觉良好，因为他身上有满满的正能量，和他聊天非常愉快。

我们能感觉到自己跟他在一起是安全的、放松的、亲近的，同时对方散发着诸如同情心、同理心等，愿意给予我们情感支持。

如果有他在旁边，我们会觉得比自己独处的状态更好，因为我们的正能量也会跟着上升。

以我为例，我身边朋友、粉丝都说我是个非常励志、充满正能量的人。因为我天天倡导早起、时间管理、人生效率等理念，而且面对超负荷的工作，我每天仍旧精力充沛过得乐呵呵的。久而久之，他们也会受到影响，加入到我的“早起大军”中，并主动学习一些高效率、高情商的人生管理方法。

之前有个粉丝生完宝宝后，觉得自己和社会有点脱节，心里特别焦虑。后来通过朋友介绍加入我们的社群，一路跟随至今，后来慢慢地也能开始兼顾事业和家庭了。

每次听到这样的故事，或是看到自己能给身边的人带去改变，我都替他们开心，从不后悔自己的付出。所以，正向输出其实是一种人生观的输出，就像我们常说爱笑的人运气不会太差，积极乐观的人总是更受欢迎。

第二点叫作公平和谐原则，对别人的要求，自己先做到。

每个人身边总会遇到几个难缠的朋友，他们总是嘴上说说之后就没有后续进展了，还会抱怨我们怎么没有在他受挫的时候立马出现，在他有困难的时候二话不说帮他解决。这样的朋友关系往往维持不了多久，被要求的一方迟早会与他疏远。

有句老话说，“已欲立而立人，已欲达而达人”，说得还是很有道理的。只有自己愿意去做的事，才能要求别人去做，只有自己能够做到的事，才能要求别人也做到。换句话说，你想要什么，就要自己先给出去，而不是总希望对方割地赔款、签不平等条约。

我有个朋友，我们都叫他“及时雨”。有一次一大帮朋友开车出去玩，遇到下雨天，道路不平，汽车轮胎深深地陷进泥里。一大群人正发愁的时候，有人就想到了“及时雨”。于是我们打电话给他，他二话不说，找了几个朋友，当下就赶过来帮我们拖车。

这样救急救火的事发生了很多次。后来在他生意出现问题、需要资金周转的时候，还没等他开口，朋友们都很干脆地借钱给他，并嘱咐他不着急还，等生意好起来再说。

这就是所谓的公平和谐原则，没有人一直是“活雷锋”，哪怕雷锋也有累的时候。只有当我们把说出的话转到实际的行动中去，才能够享受到相同的待遇，毕竟谁还不是妈妈的掌中宝呢？公平和谐的道理在任何一段关系中都适用。

最后一点是自我输入原则：人脉的本质还是关系交换，强大自己，才能聚集更多资源。

从幼儿园开始，我们就知道玩具最多的那个人最容易交到朋友。但答案是一定的吗？这可不见得。我的小侄女就一直是班上的“孩子王”，但她妈妈管得严，并没有很多玩具可以和朋友们换。

一次，我抽空去帮她开家长会，没想到她还受到了老师的点名表扬：某某小朋友是我们班的人气之星……当时很多家长都围着我问到底是什么方法，让我的小侄女这么优秀，我还真一时说不上来。

回家路上，我就问她原因。她说自己喜欢唱歌跳舞，而且还表现得不错，大家都很乐意跟她学。同时，她每次表演节目，老师都会奖励她一些小玩具，其他同学看到了就会用自己的玩具和她交换。一来二去，她和全班同学都打成了一片，也因此收获了好人缘。

从一个小朋友的身上，我们就能看到资源的置换、人脉关系的走向，但最重要的还是自我的强大。我们有没有什么闪光点是可以吸引别人的呢？我们的长处和优势能不能作为交换物质，为我们获得源源不断的资源呢？

如果我们还不能很有信心地回答这几个问题，不妨再从自我输入抓起。关于自我输入的方法，在前面的文章中都有很详细、很系统的方法，在此不再赘述。

由此，我们开始抛出的那两个严肃问题，想必很多人都找到了答案。

“吸引力法则”是一个相互吸引的过程，有来有往。但它并不是“魔法”，我们肯定不能仅仅通过幻想就得到物质财富、实现个人理想，还需要付出实际的行动。在付出同等努力的情况下，如果我们善于运用吸引力法则，那么我们理想实现的可能性就会增大。

40 人脉管理法

给你一张通向成功的门票

关于人脉管理，在本章前面两篇文章中已介绍过基础性的内容，那么有了基础之后，具体的人脉管理方法是什么呢？我们先来做个小测试，看看身边有多少朋友的人脉管理亮起了红灯？

第一种人，他们觉得只要自己手机通讯录里有名字的，那就是自己的朋友，也不管人家跟他熟不熟，甚至有些人压根儿都不认识他。

第二种人，觉得交朋友不需要付出，逢年过节群发一下短信就感觉自己已经向对方表达了深厚情谊。而且这种人总有一套说辞：“我每天都这么忙哪有时间一一问候，而且朋友嘛，放在那里又不会少块肉。如果朋友因为长久不联系，和你生气了、疏远了，那一定是对方不可理喻。”

显然，前两种人对“人脉”有所误解，那么第三种人就是自己觉得自己人脉管理做得不错。怎么做的呢？他们给每个人都标个备注，然后再分个组，OK，完成了！到时候想要获取所需资源的时候，就把对方从组里调出来为他所用。

仔细想想，我们身边这样的“假朋友”多吗？或者我们有没有踏入同样的误区呢？就拿第一种人来说，他认为通讯录上有名字的就是朋友。这种做法对吗？实际上，**人际关系是由心理距离较远的一方决定的。**

打个比方，我可能觉得我和他是好朋友，但可能他只把我当陌生人或是点头之交，那么这段关系的本质是由他对我的态度所主导的，换句话说，我们就只是陌生关系。明白了这一点，我们就不会再在人脉管理中表现得自以为是，或者总觉得别人帮我们是理所应当的。

人际关系的永恒定律就是平等交易，人和人之间的互动必然是相互的，其间发生着镜像反应。从实用主义来说，我们在人际管理上追求的仍然是投入与产出能够成正比。毕竟每个人的时间、精力都有限。那么，我们到底应该怎么做呢？

有两个方法可以帮助我们更好地管理自己的人际关系，它们分别是 10/20/150 分类管理原则和社会资本管理系统。在详细讲述它们之前，我们先了解一套基础公式，我把它称作“情商公式”。

情商公式的第一点是真诚，第二点是换位思考，真诚加上换位思考的能力就等于情商。

真诚是建立人脉、维系人脉的必需要素。换位思考则是一项硬本领，必须通过长时间的实战训练才会有所突破。具体的方法，我在前面文章中介绍了很多，在此便不再赘述，忘记了的读者朋友可以去温习一下。

首先，分类管理法。

对不同的人，要学会用分类管理方法。但将自己认识的所有人进行甄别、筛选、分类是一个很庞大的工作量，因为我们需要在脑海里刻画出每个人的几大要素。这就需要一些技巧，比如说10/20/150管理原则。

在使用这个原则的时候，我们需要先回顾一下自己的年度目标。今年我们所构建的人际关系一定要紧密围绕我们目标的实现。时间有限，所以要把它花在刀刃上。一旦确定好目标，接下来我们就可以从影响力榜样、技术达人、职场导师、贵人、有潜力的人、信任的人等方面来标注这些人脉。

数字10指的是10个我们的至亲，也就是永远不会跟我们翻脸的人。这类人的人际关系超越了交换的价值，基本上是一种无条件的付出。就像我们的父母、兄弟姐妹和值得信赖的指数在一定程度上高于普通的朋友，他们与我们相处的时间也是最长的。

所以这10人的管理方式一般是以真诚为主要依托，在我们的有生之年我们要最大程度地去付出。

数字20指的是与我们年度目标紧密相关的20个人，比如我们的老板、客户、导师、帮我们生意牵线搭桥的朋友，甚至还有我们的助理，毕竟助理的工作效率和效果也会影响到我们的业绩。注意千万不要“超员”，最多20人，因为人脉管理是有成本的，除了时间成本还有财务成本。如果麻烦别人帮忙，至少需要请人家吃饭或者寄点礼物过去聊表心意，这些都是成本。

数字150指的是150个在我们一生中占据重要时间价值的人。这个范围就相对比较广了，比如带我们入门的老师、在我们低谷时愿意拉一把的朋友、当我们骄傲自得时给我们泼冷水的老领导等。当然，这150个人的位置不是一成不变的，比如关系破裂、特殊事或病故，都需要调整这150个人的位置。比方说当今年过了一大半的时候，我们就可以更新一遍自己的150人管理序列。

知道了如何分类之后，我们第二个方法，也就是制定我们的年度社会资本管理系统。虽然这个方法的名字有点长，不太好记，但是没关系，因为它很好理解。社会资本管理系统是需要根据每年的年度目标重新制定的，它与7个人物法一样，属于未来我们实现目标的间接性方式。

如何实现呢？我们可以每年为自己定制一本特制的社会资本管理手册。跟效率手册和总结笔记一样，学会利用好工具能够让我们事半功倍。高效管理自己的人际关系加上时间投入，让自己的社会资本不只存在于我们的臆想中，而是真真切切存在于我们的行为中。

有了手册之后，我们要做的是标记。我们要知道如何给别人打标签。在我们的社会资本管理系统中，我们要有一套自己打标签的方法，不能仅仅做个备注，比如同学A、同事B等，这种做法会让我们过一段时间后就记不得谁是谁。那哪些标记需要被纳入思考范畴呢？

首先，要了解一些他的个人情况，比如他是做什么业务的，擅长哪些本领。其次，要考虑自己和他之间的交际内容，他对我们有哪些帮助。

举个简单的例子，曾经有过一面之缘的某公司助理，他随手递过一张名片给我。虽然我的通讯录上有他的联系方式，但我还是不清楚他的情况，那是不是说这个人可有可无，就能直接删掉呢？也不是，我们可以通过各种渠道去了解他的具体职位，如果我们有共同的好友，也可以从第三方了解，了解过后再做好标记。

做完了这一步，接下来要注意记录我们之间的互动往来。我们与谁互动、什么时候互动、用哪种方式互动……把这些内容都简单记录下来。如果可以的话，还可以把我们最近一次和他互动的时间以及一整年互动的时间精确到小时，并计算一下我们在他身上投入的时间成本和精力成本。通过这些记录，我们就可以知道他到底是 10/20/150 管理原则中的哪类人。

以我为例，我是如何做人脉管理的呢？对于标记的内容，我习惯把关系、生日、父母子女、喜好、重要日子、如何结识、共同朋友、重要经历、重要事件等这些关键字作为分类的标准。

其次，我会在他们生日、生子、结婚、调动以及中国几大传统节日时分别送去专属礼物和祝福，在维护人际关系上一定不要吝啬于花费时间和成本。

最后，我们需要注意的是社会资本管理的年度规划一定是越早越好。越早把这套理论弄清楚，效果就越明显。对那些非常重要的人，我们一定要投入足够的时间，而且要全情投入、义无反顾。

人脉就是我们的社会资本，这句话很多人可能已经听得耳朵生茧了，但是如何真的将其落到实处，那就需要认真行动了。有时候，人生总有意外，来拉我们一把的往往是我们真诚付出过情谊的那个人。

41 高端人脉建立

收获你的贵人缘

通过前面的几篇文章，我们知道了什么是人脉、人脉有多重要、人脉要怎么管理之后，我们需要更进一步，了解怎么建立高端人脉。

每年我们都会举办立德创业营，大概为期一周的时间，来自全国各地的杰出青年创业者坐下来一起交流、分享经验，然后一起参访优秀的企业。其中有个学员在分享会上说，他来自某个三线城市，自己攒了一笔小钱开了几家培训机构，随着业务的扩大也认识了不少人，本以为自己算得上是个能者了，可谁想到来到北京，才知道什么是井底之蛙。

或许在原本的圈子里，他确实很厉害，有足够的能力在整个城市开上四五家连锁店，但是出了这个城市放眼到全国，就举步维艰了，因为他的人脉到全国的层面上就戛然而止了。

于是，他选择主动构建新圈子。新圈子能给他什么？他见到了更牛的人，有机会与那些曾经在他看来遥不可及的商业大咖做朋友。他的眼界和格局也更开阔，如果说以前他只是粗暴地扩张版图，现在他学会做更合理的发展规划，并有意把自己的业务开展到海外。

由此可见，每当我们自觉在已有的领域“天下无敌”的时候，是不是该反思一下：是不是我所在的圈子还不足够强大？经营人脉就像打牌一样，方法不同，结果也大不相同。懂布局，会设计，才能打造出更高端的人脉圈。学会把自己放进更杰出的人脉圈才更显智慧，也更有机会获得更加长足的进步。

那么，怎样才能进入高端人脉圈呢？我们需要用“人脉螺旋模型”来帮我们搭建更高端的人脉。这一模型包括给自己贴上标签、做出内容、扩展朋友圈、散播自己的信息、积极争取机会这五个阶段。

每绕这个人脉螺旋模型一圈，我们的“人脉层次”就会得到一次提升，自身的能力、圈子的水准等都会螺旋上升。

首先看第一个阶段，给自己贴标签。为什么要贴标签？有些人说我比较谦虚，希望大家能来发现我，自我推销显得“王婆卖瓜，自卖自夸”。但是如果我们想寻求合作，想开拓市场业务，就必须要让别人知道我们做什么、擅长什么，这个时候标签就能发挥作用。

最常见的贴标签行为就是我们平时的自我介绍，“我在哪个公司、在哪个大学、学什么专业，兴趣爱好是什么”。对方能记住我们的前提，是我们要有个自我推荐的亮点，这意味着我们首先要明白自己的特点，比如有什么专长，我们要对自己定位准确。

我在个人品牌 IP 打造课堂上，也专门教过如何打造“自己的标签”。让我印象特别深刻的是，一个学员每次开口，不管是回答问题还是小组讨论，她开口总是“大家好，我是 ×× 型人格的某某”，在她的反复强调下，大家对她的名字和性格都有了很深的印象。

值得注意的是，我们没有必要在刚开始的时候就追求十分完美的标签。在初级阶段，只要能让别人记住我们，就已经成功了。所以，我们可以将经历、业绩、技能、擅长领域、特征、志向等作为标签的切入点。为什么选这些呢？因为这些标签都很具体，而且每个人的情况都有所不同。而如果我们使用抽象的标签，这种特殊性就会大打折扣，就不会让人有特殊感，也不会给别人留下深刻印象，更不会让别人记住我们。

第二阶段是做出内容。意思就是，我们不能只是嘴上说自己哪里哪里厉害，有多么多么擅长做某件事，而是要拿出实际成果让对方信服，没有“证据”的标签是没有说服力和影响力的。

打个比方，我们想把“擅长写作”作为自己的标签，那就一定要注意突出自己独一无二的特点以及在该领域的专业性。比如我们的作品登上了某个权威杂志，或者是阅读量突破十万，甚至百万，有哪位名人曾为我们背书，或者引起了多少社会关注。

而不太好的一种说法是，“我经常在自己的公众号上发文章”。这个说法的力度就弱了很多，“经常”是有多频繁？“自己的公众号”有多少粉丝？发的文章是原创还是转载？这么仔细一想，漏洞实在是太多了。如果别人愿意，他们也可以自己申请公众号做到这些。所以，不要提别人也能做的事情，即使是一件小事也要突出自己的个性。

也许有人会说：“我可能还没有做出来，我对未来还只是个想法，那要怎么办？”对此，处理方式也很简单。假设我们想把“开一家全世界最温暖的面包店”这件事作为自己的标签，那就把形成这种想法的经验以及动机的独特性作为“内容”，专门讲讲我们对梦想的规划以及自己目前为此付出的努力，从而让人对我们的标签产生联想。

人脉螺旋模型的第三阶段是扩展朋友圈。在上一阶段打造好优势内容之后，我们要把它们都应用出去，和别人切磋琢磨，试验这些内容的价值。

每个人做事刚起步的时候，想要获得人脉资源总是很难。就像我，在决定做个人品牌的时候，我也没有很多资源。但是，我不断地和很多朋友聊天，报名参加各种沙龙和聚会。我发现很多企业的网络营销方式有很多盲点和误区，有些甚至是有明显错误的。

而恰好的是，我在应对这些方面有些不错的经验，如果拿出来帮助他们，可以为他们带来很大的改变。于是从那时起，我就有一个愿望，将自己的能力发挥出来，哪怕是一点点，能帮助他人节约一点点成本或者少走一点点弯路，我的价值都是巨大的。

于是在每一次沙龙或聚会中，我都很乐意主动与他们聊天，在对话中表示出我对这个问题的见解。或许正是我或多或少地帮他们节约了成本，提升了效率，慢慢地，我在这个圈子中的知名度越来越高，从最开始我主动找人聊天，变成他们主动过来找我咨询。就这样，根据人脉的雪球效应，我得到很多朋友的转介绍，也逐步拥有了更多人脉。

在这个过程中，我们可以看到，前期扩展自己的朋友圈时，我非常主动地宣传自己。这其实也是人脉螺旋模型中提到的第四个阶段，叫作传播自己的信息。意思就是，在各种场合，把在朋友中试炼过的“优势内容”发布出来，使之遍地开花。不要等着别人来为你宣传，而要主动当自己的“伯乐”。

在这个阶段要做的事情就是尽自己所能，在现有的各大平台中“高效传播”自己的信息。比如时下最流行的社交媒介微博、微信朋友圈等。

很多人会说我朋友圈发得频繁，但不是那种让人厌烦的“频繁”。我会分享自己的早起打卡来激励粉丝一同早起；复盘近来的得失，督促自己不断进步；分享最近的演讲，或者是其他重要活动来增加自己的曝光度。这些每个人都会做，但是有些做得太刻意就变成了硬广告，有的没有目的性就变成了纯粹的生活分享。

一般来说，我们都更容易对在多种渠道都曝光的信息产生信任。就像我们不会偏信那些小道消息，而是会看看一些大报或者是大咖们有没有转载报道，如果大家都关注了这件事或者这个人，我们肯定也会忍不住凑上去多看几眼。这就是扩散信息的重要性了。

最后一个阶段叫作积极争取机会。前四个阶段的重心在于构建人脉、得到关注，而在第五阶段我们重点要做的是获得机会。我们积累的那些曝光率，就会厚积薄发，我们会被推到全新的人脉层次上。我们所活跃的舞台、与我们交往的人脉的质量也会得到“突破性的”飞跃。

在这个时候，不要畏惧，要硬着头皮去做些挑战，比如利用新的人脉进行资源置换、进行跨界合作等，即使没有做得很好，但也不会有任何损失。

当我们上升到更高的人脉层次后，我们自身的水准也会更上一层楼，在这个时候就需要重新确立自己的目标，重新构筑人脉、挖掘能力。再次审视自己的标签，重新建立与标签相称的内容、扩大朋友圈，从而诞生出新的螺旋模型。

42 玩转人脉

利用弱关系变强大

“弱关系”，乍听之下，聊有趣味。这个词语虽然有个“弱”字，但别小瞧了它，因为它可以让我们变得更强大。

每次回家我都会听母亲跟我炫耀，她给哪位阿姨的儿子介绍了个对象，又帮隔壁家的小孩儿找了份工作。好多次我都想劝她安心做个幸福老太太，但她就是闲不住。劝不动的同时我也常常感慨，怎么一个老人家办成的好事比人家专业介绍机构还要效率高、结果好。这是为什么呢？

再仔细想想，我们身边或多或少都有这样的“大忙人”，天天热心地帮别人张罗各种杂七杂八的事。他们也不是什么特别厉害的人，可能是街坊邻居，也可能是高中同学。他们更没有什么特殊的方法，完全就是靠着他们认识的人，间接帮上了别人的忙。那么，这背后的原因到底是什么呢？

1967 年，哈佛大学的心理学教授斯坦利·米尔格拉姆（Stanley Milgram，1933—1984）想要描绘一个联结人与社区的人际联系网，做过一次连锁信件的实验，结果发现了“六度分隔”现象，于是提出了一个非常有名的假说，叫作六度分隔理论。意思就是，你和任何一个陌生人之间所间隔的人不超过六个，换句话说，最多通过六个人你就能认识任何一个陌生人。

这就像我们经常在朋友圈里意外发现 A 居然和 B 是认识的，而且看两人的相互评论，关系似乎还很不错。这种“天哪，你们居然也认识”的惊讶，就是六度分隔理论在我们生活圈中的表现。

“六度分隔”体现了社会中普遍存在的“弱关系”，作用十分强大。有很多人在找工作时会体会到这种弱纽带的影响。通过弱关系，人与人之间的距离变得非常“相近”。

有人可能有疑问了：“萌姐，我有点听糊涂了，六度分隔怎么就是弱关系了呢？要怎么区分强关系和弱关系？还有怎么利用弱关系把人的关系变近呢？”

那么，怎样确定关系强度呢？有一个可行的判断方法就是区别我们朋友圈的重叠程度。当两个人没有关系时，他们的朋友圈子重叠程度最小；关系强时，重叠程度最大。

总的来说，平时我们频繁接触的亲人、同学、朋友，就构成了一种相对稳定但传播范围有限的“强关系”。相反，另外一类更广泛也更粗浅的交往关系，比如我们朋友的朋友的朋友、亲戚的同事的女儿，还有七大姑的表弟的儿子，像这些平时我们不太熟悉、属于被人无意间提到或者打开某个社交软件随意添加的交往关系都属于“弱关系”。

这么说来，很多人可能觉得“强关系”更可靠，毕竟大家日日相处都很熟悉。但其实，与一个人的工作和事业关系最密切的，并不是“强关系”而是“弱关系”。弱关系虽然不如强关系那样坚固，却有着极快的、更低成本的和更高效的传播效率。

这是为什么呢？因为我们一旦建立起强关系，便意味着我们的朋友圈重叠度较大，群体内部特征相似性较高，而且群体成员的价值观念由于互相影响，具有趋同性。所以，我们通过强关系获得的信息，往往重复性也会比较高。

回过头来说，六度分隔理论其实也就是评估了弱关系的重要性。我们可以通过弱关系中的陌生人，借助他们的力量来达成自己的目标。那具体要怎么做呢？

以我为例，最开始很多人不相信立德领导力是一个二十多岁的女孩子创立的。的确，从表面来看很不可思议，但我依靠的就是我的弱关系圈。比如很多500强的CEO和上市公司的董事长，他们都是我的弱关系，助力我实现了梦想。

在这过程中，我迈出的第一步就是保持我人脉圈子的多样性。

首先基于自己的位置纵向发展上下游的人脉，对我来说可能就是投资方、客户和员工，对大多数人而言可能是上司和下属。其实和他们的关系，可能微妙地介于弱关系和强关系之间，但毫无疑问的是我们现在共乘一条船。他们手头的人脉对我而言也同样是资源。

其次，通过参加行业协会、展会、聚会认识同行，积累同一领域的人脉。这些人既是现在的竞争对手，也可能是未来的合作伙伴。接着，还可以跨界横向发展其他领域的人脉，比如我在孵化自己的知识 IP 时，就很注重跨界积累人脉，比如在学习历史学、心理学、管理学、经济学等多门学科时，我就会和相关领域的专家打交道，他们也为我的课程设计提供了很多建设性的意见。除了学者，我也会和企业家、自媒体作家、主持大咖、流量网红等各类人群保持联系。

人脉圈子的多样性，能保证我们面临不同需求时，及时调动不同的人脉圈子来应对。同时，还能给我们提供解决问题的多种思路。比如现在我们想去认识巴菲特，我们的第一反应可能是想一想自己有没有经济学方面的人脉。如果没有，不妨换个角度，如果我们间接认识巴菲特的健身教练或者他家的保姆，是不是也同样能达到目的呢？

那么建立了多样性的弱关系之后，第二步就是我们如何维护并加强现有的弱关系。如果还搞不懂强弱关系的区别，“好记性不如烂笔头”，我建议读者拿出笔记本把两者的区别写下来。然后，再对自己的弱关系进行细化。

怎么细化？第一步，要详细地列出现有的人脉清单，从名单中找出现有的弱关系。第二步要做出标注，做标注的具体办法在上篇文章中已经介绍过，读者朋友可以再回顾一下。对这些弱关系做好标签后，再详细地做个调查。第三步，筛选出有效名单，加深彼此的信任和了解。

有的人可能觉得，维护和加强弱关系是“有目的地谄媚和巴结”，是一种“有心机”的做法。这种想法就有些极端了，具体怎么维护，如何把握那个度，都在于我们自己的考量。但可以确定的是，如果想经营好自己的人脉圈，顶层设计必不可少。

第三步叫作积极认识“人脉王”。这里的“人脉王”指的是“弱关系枢纽”，也就是我开头提到的像我妈那样的“热心肠”。这个“人脉王”有什么特点呢？

一方面，他的人脉资源很广，弱联系很多。这样的人在我们生活中其实很好找，稍微一打听就知道哪个人是“小灵通”。通过他们可以和更庞大的人脉关系网相联结。

另一方面，他的信任度要高。和“小灵通”相对应的一个词叫作“八卦王”，所谓的八卦王是指他们的消息也很多，认识的人也很多，但他们习惯了传播片面的信息，大多情况下都会产生负面影响。所以选择信任度高的、积极正面的、受欢迎的“人脉王”，与他产生良好互动，也有助于我们发展弱关系。

最后一步，叫作成为人脉关系的枢纽。除了认识“人脉王”以外，我们可以让自己成为那个枢纽。随着圈子的越来越广，我们手中的人脉资源也越来越多，弱关系人脉也维持得越来越好，这时候我们就已经有实力成为一个人脉枢纽，为别人提供信息和资源。良好的人脉关系本质就是互相帮助。

弱关系更多地发生在不同的群体之间，由于弱关系的分布范围较广，它比强关系更方便跨界获得信息和资源，可以将其他群体的重要信息带给不属于这些群体的个体，进而创造更多的社会流动机会。

这就是“弱关系的力量”。所以如何利用好弱关系，来拓展自己的人脉关系在我们生活中非常重要。做到了以上四点，每个人都能够玩转人脉。

43 礼仪

如何让自己符合场景需要

社交在当今社会人际交往中发挥的作用愈益重要。通过社交，人们可以实现心灵沟通，建立深情厚谊，彼此相互支持与帮助；通过社交，人们可以互通有无，共享资源以助力你的事业发展。平时的一次握手、微笑甚至摘帽子等小细节，都是我们用来表达好感的符号。当然，不合宜的行为也会妨碍我们的感情表达。所以我们在人脉管理中，千万不要忘了让自己行为得体，以符合场景的需要。

我曾经去参加过一位著名 CEO 在家举办的鸡尾酒会，当天受邀的还有很多商界大咖。尽管不是第一次参加这样的场合，我还是希望能借这次酒会认识更多的朋友，找到合适的合作伙伴。当时我在挑选礼服上花了很长时间，还特意请教了化妆师朋友如何搭配妆容。

我的助理当时忙前忙后很辛苦，但是她不太理解，不就是个酒会吗，用得着这么费劲吗？很多人都有这样的疑惑。虽然每次的宴会都差不多，但我们不能懈怠，人脉的积累需要我们每一次都做到百分百的准备。

因为礼仪是一个人内在修养和素质的外在表现。我们要想让别人尊重自己，首先要学会尊重别人。掌握规范的社交礼仪，就是对他人的尊重。它还能为交往创造出和谐融洽的气氛，建立和完善我们的人脉。

那么，到底要怎么做呢？从哪些方面开始准备？一般来说，礼仪学习从内容上看有仪容、举止、表情、服饰、谈吐和待人接物；从对象及使用场合上看个人礼仪、公共场所礼仪、待客与作客礼仪、餐桌礼仪等。

我要从更实用的角度，包括请人帮忙、社群交流、高端社交三个场景，阐述在这几个场景下如何快速建立、维系和升级你的人脉。

首先，请人帮忙时，如何保持我们的社交礼仪。想必很多人肯定有这样的经历，有一天微信里突然收到一条信息："亲，你现在有时间吗？"不用说，这种信息八成就是来找人帮忙的。这可不好回答，我如果说没时间，又怕是好事儿，之后不好改口；要说有时间吧，万一事情比较棘手，碍于面子也不太好拒绝。

比如别人找我一起吃个饭，那我当然有时间了。但是如果别人要我在寒风凛冽中跑去商店帮他买一个马桶盖，这恐怕很少会有人点头吧。所以，有没有时间完全取决于事情的性质和复杂程度。

每次遇到像这种只问我有没有时间但又不说清楚是什么事的消息，我都感到非常无奈，对方显然没有经过太多思考。不讲清楚什么事，既浪费别人的时间来猜测他的动机，也拖延了他自己想要实现目标的效率。

这虽然只是个小细节，但是在职场中或者与他人交往中，它会让交往的另一方感到不舒服，甚至是反感。我已经这么忙了，为什么还要回一条这么没头没尾的消息？

其次，社群交往中，如何升级自己的人脉呢？我们每个人都有好多个微信社群，或者别的平台的社群。良好的礼仪能让我们快速融入这些社群。这时我们需要有一种关键人思维。

什么叫作关键人思维？我在前面提过新朋友“红姐”，她一步步成为妈妈群中的人气王，大家都想找她咨询育儿的问题，俨然把她当作这个群里的意见领袖。关键人思维就是要尽可能获得社群中的发言权，成为独一无二不可替代的一分子。

这么看来，社群社交有这么几大要领：

第一，积极有效发言，保持自己的活跃度，并发表正确的言论。

第二，主动关心社群里的弱势人群，不要拿别人的弱点开玩笑，即使擦边也是不合时宜的。比如说社群中有的人特别胖或者长得很丑，或者有什么疾病，公开在社群中讨论这些隐私话题，是非常失礼的行为。

第三，如果要想通过社群升级人脉，可以尝试在社群内树立威信，成为影响人物，同时要以身作则，用能力说话，这有利于巩固我们的社交关系。学会这三个要领，我们的社群礼仪就算入门了。

最后，高端社交。在高端社交中需要注意的事项有很多，除了仪容仪表，各种谈吐举止以外，最重要的是设计社交机遇。如何设计？在做准备工作时，我们可以尝试做好以下四件事。

第一，确定目标。此次社交我们想要达到的目的，是想和对方合作一单大项目还是单纯地想要结识对方。

第二，确定谁是我们的 KP。KP 就是 key person，意思就是我们达成目标的关键人物。确立目标后就要圈定一下与目标有关的几个关键人物，他们就是我们的关键人脉。

接下来，要思考的是 KP 会在哪个场景出现。比如我们想要和马云搭上关系，那必须知道马云的行程，他一年参加多少个会议，出席多少个场合，我们能够在哪些场合和他见面，对上话。

最后一点就是制造契机相遇。假设我们的 KP 是马云，却连他出现的场合都没有资格进入，那要怎么谈相遇？所以培育自己的优势能力，增加自己的影响力都是很有必要的。

我第一次参与高端社交，就是在APEC的CEO峰会上，有幸能跟现在国际上最有名望的大咖同场。当时我之所以能进入高端社交场合，是因为我取得了APEC英文演讲比赛的冠军，才有了这么一次机遇。后来，我也通过各种社会活动，以及自己事业上的成就来继续维持这种良好的关系，以至于能够一次次地进入这些重要场合，维系并升级我的人脉。

当然，所有的社交礼仪都会因时间、地点、场合的变化而相应变化，我们必须要与时间地点、环境氛围、特定人群相协调。在很多情况下，社交都是建立诸如商业合作、感情姻缘的关系纽带。除了建立关系，我们还要记得跟进这段关系的发展。日近日密，日疏日远，就是这个道理。

44 沟通的前提

学会说话的技巧

“说话”其实是门艺术，不会说话的人在人际交往中往往会将自己置于不利之地。对于怎么开口“说话”，很多人可能觉得奇怪：说话难道不是人类与生俱来的天赋吗，怎么还要“学说话”？举个例子，我们就知道“不会说话”多让人难以忍受了。

我的一个闺蜜，脾气比较直，工作时因为与上司意见不合无意间顶撞了他几句。她正郁闷的时候，她男朋友打来了电话，她就向她男朋友抱怨了一下。其实本来没多大事，男朋友安抚两句也就过去了，因为她后来也意识到了自己的不妥。

但她的男朋友一上来就用一副过来人的语气开始教育她：“你领导那么做肯定有他的原因，你当面顶撞他，不是让他下不来台嘛！你应该好好反思自己有什么需要改进的地方，争取做好一点。当你做好了之后，这些问题就会迎刃而解了。你工作也有六七年了，这点小事都忍不了吗？但是，就算忍不了，你也应该……”

她男朋友后面还说了一大串，我闺蜜气得当下就挂了电话，后来跟我吐槽说：“听他教育我，还不如自己去买本跟上司打交道的书来看。”

不知道你平时有没有也遇到过相似的情况，对方在那里说得津津有味、口若悬河的时候，你的内心其实在想：“求你别说了，你那些车轱辘话，一点营养也没有，说了等于没说，别再浪费我时间了。”

显然，这就是不会说话导致听众心里产生厌烦感的典型场景。那什么算是“会说话”呢？会说话的关键，是把自己要表达的东西清晰地传递出来，核心就是三个词：信息、逻辑和包装。

当然有人也会担心，会说话的人一定要口才好。其实也不全是，如果我们能遵守说话的基本原则，其他就没有什么问题，不管口才好还是不好，都不会有太大的差别。

曾经有一个关于说话艺术的调查问卷，其中一个题目是：你认为一个真正有魅力的人应该如何说话？下面**这五个答案，就是大多数人对于“会说话”的判断标准：**

第一，听了他们的话，会让人忍不住想要按照他说的去做。

第二，他们说话很温和，不会感觉到他们在强迫我们，但聊着聊着，发现自己最后还是上了他们的船。

第三，他们会根据听众的情况，适时调整说话的内容。比如我们喜欢苹果，但非常讨厌香蕉，那他们一定不会给我们香蕉。

第四，和他们聊天，能感受到内心十分舒畅，对方会包容我们的视角和观点，让我们觉得自己被接纳被肯定。

第五，他们从来不故作深沉，也不刻意卖弄，能深入浅出地描述复杂的事情。这让我们大大放松了自己，发现：哦，原来我能听懂，我不是个傻子，这真是太棒了！

了解了这五条标准以后，我们就掌握了沟通训练的方向。在这里，我们先学会如何达到第一个标准，如何让对方愿意信服你说的话。对此，我总结出两个技巧。

第一个技巧，事先准备要说的内容。

说话的最大禁忌就是脱口而出，当我们早已过了那个“童言无忌”的年龄，没有人再会因为我们年纪小说错话而原谅我们，当然家人朋友可能例外。所以我们必须在说话前思考自己想要传递什么信息、表达什么意思，再用逻辑把这些意思串起来。

如果连自己都说服不了，怎么打动别人。想要别人不知不觉地按照我们说的去做，首先就要让自己的说话内容富有说服力。

关于说话的逻辑，我介绍一个“金字塔拆解法”，到现在我都认为这是最简单、最实用的说话方法。把每一个要表达的意思，都放在“金字塔”的塔尖，下面再用三个层次进行“解释”，作为金字塔的塔基。每层解释又能再理出几个要点和案例做支撑，这样要表达的意思就会非常清晰，也很有说服力。

比如我今天想表达“如何说话”，那我就想：我可以分成几个层次来解释呢？如果按时间线来，我可以分成说话前、说话时、说话后，这三个阶段分别要怎么做，然后每个层次里又再举一些例子，这样就构成了这篇文章的金字塔逻辑。

也许有些人认为自己逻辑思维太差，根本就分不了层次，这怎么办？没关系，我们还可以找个最“笨”的方法，也就是套用模板。以前写作文的时候常常会用到这招，说话的时候也一样。

许多临时发言的场合，我们根本来不及准备，再加上比较紧张，很有可能到时候大脑就是一片空白。这时候模板就很有用，就像我们用英语发言，哪怕不知道接下来要说点什么，第一句肯定都会说：“hello，everyone，it is my great honor to speak here. My name is…”

这个开场白，就是模板，也可以说是套路。平时多学习一些固定的讲话套路，根据场合选个合适的内容往上套就行，这样即使不能出彩，至少也能保证我们有话可说、应对得体。

当然，学习说话的模板最好挑名人的演讲稿等，多用几次之后，这些东西就会像那句英文开场白一样，深深地刻入你的脑海中，下次遇到相似的场合，这个技能储备就能无意识地调动起来。

而且，它还有利于我们形成更高级的发言风格。

第二个技巧，营造安全感。

我们在交谈时所需要的安全感，和我们平时对人身安全的需求是一样的。如何理解呢？在一次聚会上，我遇到了一个非常“健谈”的人。一上来就跟我聊：嘿，你今年多少岁呀？你是不是单身啊？你年纪看上去不小了，怎么还不结婚呀？女生创什么业啊，太辛苦啦！那你创业投入了多少资金？你怎么找到那些人帮你的？他们为什么愿意帮你，你教教我呗……

这样的对话，时隔很多年了，我至今回想起来仍然感到不舒服。为什么？因为我的私人领域被入侵了。这让我在第一时间不是去仔细听对方在说什么，而是在揣测他的动机是什么？我要如何保护我自己？

在沟通中，很多细节都是缺乏这种边界意识的体现。比如有些朋友非常乐意分享自己的亲密关系和过往经历，哪怕第一次见面，她都会滔滔不绝地从前前前男友开始数到现在的老公，然后当她说完一大堆之后，抛过来一句：你的男朋友呢？殊不知这时候就已经侵犯到私人空间了。

还有一种情况是，随意谈论他人的事情。没错，这一回不是谈论自己了，而是谈论别人。把别人的八卦当作谈资，尤其是一些未经当事人许可的私事，当他这么做了以后，他的信誉值马上会大打折扣。

要想别人信服，很重要的就是营造一种安全感，让别人觉得我们十分可靠，这样对方才有可能对我们主动袒露自己。因此，在沟通过程中，要小心说话，不要过分地冒犯别人的私人领域，要注重边界。老话常说的，“交浅言深，君子所戒”，就是这个道理。

越来越多关于说话艺术的书籍受到大众的欢迎，说话的艺术在当代的社交中的地位显而易见。会说话的人才能在人际交往中做到八面玲珑，处理起各种关系时方能做到游刃有余。而这也正是建立各种人脉圈的基石之一。

45 跨越心理障碍

别把“不同”视为“不一致”

我们之前提到过关于“会说话”的五个标准，其中有一条是和“会说话”的人聊天，我们能感受到内心十分舒畅，对方会包容我们的视角和观点，让我们觉得自己被接纳被肯定。

有一个曾经很火的网络歌手自杀去世了，我当时也关注了这个新闻，那时候很多网友在社交媒体上评价：“不就是个非主流的网络歌手吗？去世了还蹭流量。”

网上的言论都不太好听，反正“键盘侠”打打字也不用负责，怎么刻薄怎么来。我后来认真听了这个女孩的歌，也翻了很多和她有关的报道。从十几岁到二十几岁，女孩一直活在争议中，就因为写了些常人觉得不优雅不主流的歌。

她的“不一致行径”没有获得周围人的理解，各种异样的眼光下，她患上了人际交往障碍，在沟通无效的情况下，最终走向极端。其实她只是有些不同，选择了过不一样的生活，当同龄人开始念书的时候，她选择了唱歌、写歌、当网红。当同龄人还在玩耍的时候，她经历了签约、走红。

在平时与人交往中，我们都习惯划分界限，和自己价值观相同的，就是同道中人，而行为举止特殊的大多被归成了“异类”。而面对“异类”，我们往往充满了攻击性。

很多人会觉得这很常见，没什么大问题。但我们不知道的是，这种把“不同”视为“不一致”的行为，其实已经成了一种人际交往中的障碍，只是很多人还没有被“吐槽”到而已。

那么，如何做到“求同存异”呢？

首先，第一点，“不要总想着在一场讨论中获胜”。

我问了很多同事同一个问题：“你平时和人沟通最怕什么？”有的人担心自己被情绪主导，有的人最怕对方不按常理出牌，还有的人讨厌被观点绑架，尤其是对方摆出一副“天下只有我的三观最正”的态度。

说到最后一种情况，当时办公室里将近三分之二的同事都表示深受其害，场面可以说是“群情激愤”了。有个同事就开始给我列举，以前团队讨论时，总有向大家征集意见的一环，结果有个同事总爱给人挑刺儿，还不是那种有效的建议，只是找碴儿。

就比如两张图，他不评价图本身的技艺好坏，而是专找不同。

每次找到了不同，就觉得自己真的很厉害似的，然后洋洋洒洒地开始高谈阔论，说别人这个怎么能这样，那个怎么能那样。别人想反驳或者插话，马上就被他打断：不好意思，这是我的主场，您待会儿再来。有一次把我那个同事气得，简直想把咖啡泼他脸上。

显然，在工作中，像这样的人，我们大多都是不喜欢与之交往的。沟通毕竟不是考试或者是辩论，没必要争个第一第二的。大多数情况下，我们都是团队合作，或者说我们都处于多边关系中。沟通的目标在于：我们基于问题表达清楚自己的意见，获得彼此的理解。如果一方只想着获胜，想着赢得比赛，那么显然就违背了初衷。

所以，在沟通的过程中，不要急于纠正对方，也不要急于表现自己。我们要记住沟通的目的是什么，不要让对方误以为我们的目的只是在于说服他或者是打败他，这会导致和平的讨论桌上，两个人就像战斗的公鸡一样，充满戾气。

其次，第二点，“避免人身攻击”。

大多数人可能说：“这怎么会呢？我怎么会犯这样的低级错误。”事实上，这种情况在我们生活中还是很多的。不妨仔细地想一想，当我们在事实或者是气势上短了人家一截的时候，是不是经常顾左右而言他，想着把话题从事实本身转移到对对方人品和行为的指责上？

于是，就有可能出现以下这种对话，“你怎么能相信一个人品有问题的人会做出正确的判断！”“我不同意你的方案，因为你曾经撞倒了一个老人却没有扶起她，如此没有爱心的人，肯定做不出有温度的案子！”

或者给对方贴标签，比如说“我给你这么好的条件你都不答应，90 后真是好高骛远，胃口不小啊！”还有的人标签贴得更大，一棍子打死现在的所有年轻人，什么年轻人不愿意加班加点，年轻人没有爱心，年轻人不懂得尊老爱老。一大堆标签把看客和听众都给说蒙了，谁还记得刚开始我们想讨论的是什么？

有些时候这种人身攻击，还会被加以包装，显得更加真诚，比如说：“我说话比较直接，如果您觉得受不了，就当我没说……”似乎只要加上这句话，接下来不管说什么，都可以被原谅。因为你看，这是对方的真性情啊！

但其实，我是不认同这种做法的。“直接”和“攻击”是两码事。直接的表达，也可以建立在深思熟虑之上，是可以拥有建设性和洞察力的。但“攻击”则是带有情绪性的。

所以，永远记住，当我们在沟通的时候要专注当下，就事论事，不要扯远了，也别害怕自己丢了面子就硬要找回场子。一旦沟通变成了争执，就会迷失在争执中，只想着捍卫自己的利益和立场，就会将沟通的初衷弃之不顾。

最后一点，“不逃避不同观点”。

这句话说得有点绕口，换句话说就是，在面对不同观点时，要学会宽容。宽容可不是件容易的事，但是它能让我们在与人沟通中找到快乐。不会宽容的人，生活于他而言，就好像扔出一个沾满污物的旋棒，它在飞行的过程中，会沾上更多的脏东西，他以为它就这么飞走了，但最后它还是会回到他的手里。

如何宽容，我们需要制定标准，避免分歧。我们要制定一个大家都能接受的行为标准，清晰准确地向别人传达我们的期望，并要求和监督所有人践行，这样才能避免分歧。对此，有个三步法，分别是陈述、重述、确认。

第一步是陈述。指的是在沟通过程中，必须由一人先来表达一些什么观点。

第二步是重述。当对方说完自己的观点后，认真倾听不作任何评价，当说话人陈述完毕后，再向他复述内容。这一步有效地向对方展示了你对他的重视，对内容的重视。

第三步是确认。当你复述完对方的话，要询问一句“你说的是这个意思吗？”确保你所理解的内容与对方想要表达的一致。

为什么要走这三步呢？因为，在我们生活中，有很多沟通浪费在“我以为你是这个意思”“你难道不是这么想的吗”“我以为你肯定不同意”等心理上，用自己的想法去猜测别人并不是有效的沟通，这只不过是将自己的想法包装成别人的，根本不利于不同观点之间的互补。

又或者，假设对方刚准备向我们反馈负面建议，我们就粗暴地打断他，想要纠正他的看法，显然这个对话是无法进行下去的。而按照刚刚的三个步骤下来，双方的基本沟通却能够有效达成。

我们每个人生于世上，都是一个独一无二的个体，所以就像没有相同的一片叶子，也没有完全相同的观点。如果把每个和自己不同的观点都看成是“错误”的，或者看成一种挑衅，难免给我们在沟通上带来很大的麻烦。如此，也就无法建立一个和谐的人际关系。

46 情商修炼

换位思考与积极表扬

这是本书关于人脉管理的最后一篇文章，如何实现“会说话”的五个标准。估计你可能没大有印象了，我们可以复习一下。

其中一条是“会说话”的人往往表达方式很温和，我们不会感觉到他们在强迫我们，但聊着聊着，发现自己最后还是上了他们的船。另一条是他们会根据听众的情况，适时调整说话的内容。比如我们喜欢苹果，那他们一定不会强塞香蕉。

如果我们仔细分析这两条标准，就会发现它们都跟我们的情商有关。在一段人际关系中，当我们的情商足够高时，就能轻松应对人与人之间的差异以及有效说服他人，但事实上，我们大多数遇到的情况不是这样的。

我举个身边的例子，比如微信里老有几个不太熟悉的朋友让我帮他点赞或者做个调查问卷。“打扰了，我最近在做个调查，麻烦帮我填个问卷，谢谢！”这样的开场白还算好，虽然我心里可能也不太愿意，但是看在对方这么有礼貌的分儿上，我也就顺手帮他做了。

但有些人直接上来就说：“帮我个事，填一下表！”或者说：“我有份计划书，你帮我介绍给谁谁谁。”每次遇到这两种情况，我基本上都是拒绝的。就第一种来说，他没有对问卷做任何介绍，我完全不知道是什么领域，也不知道这会不会泄露自己的隐私。第二种说法更是颐指气使，拜托别人帮忙还用这种命令的口吻，既没礼貌又没道理。

总结这些说法的特点，就会发现，他们在沟通的时候都只站在自己的角度，没有考虑对方的意愿和需求，就直接要求对方配合，这显然是缺乏情商的表现。

任何人际交往都需要聆听对方意见，彼此对话，这才叫沟通，否则就变成了“命令”。我想很少人会喜欢被一个不太熟悉的人命令去做某件事，哪怕勉强配合心里也不爽快，几次下来，说不定他们就被拉入了黑名单，人际关系就亮起了红灯。

所以，学习修炼人际关系中的情商很有必要。我们就从换位思考以及积极表扬这两块入手，学习如何在沟通中实现说服、赢得好感。

第一个技巧，换位思考。我曾讲过换位思考。介绍了“如何思考”的三大步骤和一大法则，为的就是帮助你摆脱以自我为中心的局限的思维模式，培养同理心和批判性思维。

那本文的“换位思考”与之相比又有什么不同呢？有时，我们要把换位思考引入到对话实战中，就像我们最开始提到的，“会说话”的人会根据听众的情况，适时调整说话的内容，这就是一种换位思考。

比如，老婆对老公说：“你别把瓜子皮扔在地上。”老公一听，有点烦躁，又换了个地方继续嗑瓜子，显然这种方式对方不接受。这时候老婆就转换策略说：“老公你能把瓜子皮扔进垃圾桶吗，扔地上的话会把咱家弄得很脏，而且万一突然有客人来了，看到了就不好了，我想你肯定也希望家里干干净净的。”

后面这种提建议的方法，其中大有门道。首先它不是命令式的，也不是说“你不能怎么怎么做”，而是提供了另一种选择：你可以扔进垃圾桶。这种有退路的选择方式，比一味指责对方的行为不对更加有效。

另外，这个老婆还列举了如果把瓜子皮扔进垃圾桶有哪些好处，一是能避免客人看笑话，二是能保持家里的整洁。这两个好处都与对方的切身利益相关，听上去都是在为他考虑。这就是我们常见的换位思考。

除此之外，换位思考还表现为“弄清问题是什么”。在我们自己都搞不懂问题之前，不要急着表达意见。为什么呢？换位想一想，如果有人跟你谈工作，结果他自己支支吾吾半天说不清楚，你内心是不是很烦躁？你可能觉得对方根本不重视你，因为这个问题是你们双方都很在意的事。他还没有准备好就开口，或者一直在“打太极”，你感受不到他的认真和努力，那还有什么好说的呢，你肯定也不想和他浪费更多的时间。

第二个技巧，积极表扬。在此我们通过三个日常的情境来感受一下。

场景一：朋友聚会或者公司聚会时，你刚好手头有点事或者身体不舒服，你想着那干脆就不去了吧，反正聚会也不是什么大事。结果朋友们打电话过来：“老赵啊，你怎么还没来啊，今天这个局没你可不行！”另一个朋友也说：“对啊对啊，老赵，你不来的话都不热闹啊，大家气氛都搞不起来。”

这个对话是不是很熟悉？饭桌上的高手们说起这些话简直信手拈来。而且关键是，我们听着还觉得舒服，原来我这么重要啊，他们都离不开我啊！这种被选中的优越感，让我们不到三分钟就缴械投降，准备出发去饭局了。

场景二：一个女孩拧不开矿泉水瓶，然后找你帮忙：“小张小张，你最热心了，你力气那么大，肯定轻轻松松就拧开这瓶水了，你能不能帮我一下？”说完，女孩两眼崇拜地看着你，这时候你是不是感觉自己的形象瞬间高大威猛起来，想着不管怎么着也得帮她把瓶盖拧开。

场景三：妈妈们肯定很熟悉：孩子小的时候，总是不专心过马路，妈妈们说也说了，但就是拉不住。这天，又要过马路了，一位妈妈就跟她孩子说：“宝宝啊，路上车这么多，妈妈一个人害怕过马路，你这么勇敢，能不能拉着我一起过马路啊？”孩子乐了，原来妈妈这么胆小，然后就很豪气地拍拍小胸脯表示没问题，两人手拉着手就过去了。

这三个场景想必在大家的生活中都出现过，总结他们为什么能够实现自己的目标，会发现他们都用了积极表扬的方法。朋友的夸赞让老赵觉得自己独一无二；女孩夸男孩热心、力气大，男孩的保护欲就被激发出来；妈妈把孩子当作大人看待，增加了孩子的被认可欲……

显而易见，积极表扬能形成正向肯定。当周围的人都很看好我们的表现，对我们不吝赞美之词，那我们的自我认同感就会越来越强，行成一种良性循环。反过来也是一样的，在沟通中我们也要学会多肯定别人。当然，这不是谄媚，要分清这两者的区别。

肯定他人，是指对他人的优点不嫉妒、不中伤，对于他人的缺点也不嘲笑、不恶搞，而是真诚接纳，在对方面前不卑不亢，让对方面对我们也不会有太大的压力，这样才便于维系一种和谐的关系。

无论何种沟通，重点在于我们的对象是“人”，不是“工具”。重视人的感受，我们在沟通交往的过程中自然会更加细腻。这其实也是沟通的基础和前提。无论如何，换位思考是沟通的基础，积极表扬是维系关系的最好方法，做到这两点我们的人际关系才会更加持久。

PART ⑤

第五章 健康管理

47 情绪平衡

快乐与忧伤都是合理的

最近，我的助理心情不是很好。闲聊的时候，她说她作为一位单身“老阿姨”，上被爷爷奶奶外公外婆催婚，下被几个正是调皮年龄的侄子嫌弃。

最让她受不了的是同学会上，大家没话题的时候总爱拿这个来“尬聊”，其中有些人说话口无遮拦，这种生气、羞愤、尴尬的情绪，让她当时就忍不住提前走了。开车回家的路上，她脑子里想的都是气话，差点和前面的车撞上。回到家，洗碗时不小心又摔碎了碗，于是各种不好的情绪都在那一刻爆发了。

之后她还描述了很多她做的蠢事，在此就不揭她老底了。但哪怕是我听她这么自我调侃，还是能感受到她语气里的气愤、无奈、烦躁。这些情绪，从事实来看，确实给她造成了不小的困扰。很多重要事情被突然中止，效率也慢慢变差，注意力也无法集中。

而类似的困扰，我相信除了她以外，很多人肯定也经历过。这些都是情绪在作祟。那么，我们该如何走出误区，正确地认识和平衡自己的情绪呢？

或许有人想问，情绪对健康有什么影响呢？这影响之大，难以形容。宏观上看，好心情可以让一个人精神充沛，积极面对未来，从而走向人生巅峰；反之，坏心情会影响一个人的日常沟通表达能力，从而影响他的短期发展，甚至害他丢掉工作，影响职业规划。他想要逃避又忍不住陷入恶循环的怪圈。

微观上看，过度情绪化会伤害我们的身体。我认识很多中医专家，他们常常跟我说，喜伤心，忧伤肺，思伤脾，恐伤肾。

那具体要怎样控制情绪化，做好情绪管理呢？我有四个建议，它们之间是存在递进关系的。首先我们要认识情绪，其次识别情绪，接着是理解情绪，最后要接纳情绪。

第一步，如何认识情绪。

一般情况下，我们的情绪信号系统都是由表情、动作、声音三部分组成的。常见的情绪又分为七类：惊讶、厌恶、蔑视、愤怒、恐惧、悲伤、愉悦。当我们正确地认识到自己处于哪种情绪后，才能对症下药。

但每个人的情绪都有很多面。比如，我们看到一个女孩在地铁上哭，第一反应是什么？大部分人会觉得女孩失恋了，所以哭得很伤心。但是我们再仔细凑近一看，发现姑娘虽然在哭，但是她的嘴角还是上扬的，所以有没有可能是她听到一件令她很感动的事，然后哭了呢？仔细想想，两者的差别还是很大的，前者是悲伤，后者是愉悦。

在这个问题上，没办法统一一个正确答案，这恐怕只有问当事人才知道。但我们可以从中学习的是，从不同角度来看情绪的特点。这些特点不是仅仅一个词语，比如高兴、难过、厌恶、愤怒就能全面描述的。就像我口中说出的“高兴”和别人口中说出来的，可能就不一样，我今天说出来的“高兴”和昨天说的“高兴”也不一样。

从激动到低落，从紧张到放松，从开心到难过，情绪不是非此即彼的极端值，而是一直在两极中间波动。所以正确认识自己的情绪，是我们做好情绪管理的第一步。

接下来第二步，我们要从不同的侧面来识别自己的情绪。怎么识别呢？

首先我们要命名自己的情绪，到底是开心还是难过。然后给自己的情绪强度打分，拿十分制来算，用 0 分到 10 分打分来判断自己的承受范围，我将这个情绪指数添加到了每日故事手册中，为每天自己的情绪评估，10 分为最开心，0 分为最失落。

我们可以按照自己的具体情况设置一下，比如针对难过这一情绪，3 分及以下基本上不需要特别处理，哭一会儿或者走几步可能就好了。如果是 4 分到 6 分，这个情绪可能就比较不稳定，这时候我们要学会自己排解情绪。我们可以给自己设置安慰礼物，比如买一条新裙子或者吃一顿大餐。就比如我有一群喜欢吃火锅的朋友，对于他们来说没有什么是一顿火锅不能解决的，如果有，就再来一顿。

而如果我们的难过分数已经达到了 7 分及以上，这时候就要提高警惕了，因为我们随时有可能在一个并不恰当的时间点情绪爆发。所以我们务必要对自己的情绪进行评估，找到情绪的根源并试图缓解，如果自己做不到，一定要找外援，比如闺蜜、兄弟，一定不能一个人陷入胡思乱想的状态。

识别情绪后，进入第三步，理解情绪，也就是理解情绪的产生过程。

以我自己为例，当年考上浙大的时候，我突然意识到自己可能很难当上 2008 年奥运会的志愿者了。而我又不愿意放弃这个梦想，所以当时的焦虑情绪达到顶峰，时时刻刻想逃离学校，甚至吃不下饭。

连续几天情况都没有好转，于是我就开始想办法应对。第一件事就是去找了教导主任商量希望能够退学，随后联系父母跟他们解释，立刻寄回自己的行李。当时的决定做得很匆忙，事后分析评估自己的焦虑情绪时，我发现，这个情绪带来的好的影响是督促我迅速行动，并做出了一个至少在我现在看来依然是正确的决定。

当然除了焦虑这种情绪以外，还有一些复杂的情绪存在其中。那时候我的选择属于“特立独行”的范畴，身边很多人都接受不了，比如我的父母、老师、同学，他们确实很爱我，也是从现实的角度给予我相对保守的建议。所以对他们我多少还是有一些小愧疚，但最后他们又再次支持了我的选择，这种信任带来的感动和愉悦也成为我实现梦想的动力。

由此来看，理解情绪其实就是我们在任何时候，感觉到自己的情绪不再平静了，多问自己几个问题：“我刚刚在想什么？”或者直接针对情绪的内容提问，例如“我在焦虑什么？”“我对谁感到愧疚”“我在生气，但这是谁的问题？是我的还是对方的？”“我很开心，是谁让我感到开心”。然后针对这些问题，或者情绪指向的对象，去检验自己的想法和情绪对象的真实性。

最后一步是接纳情绪。如何接纳情绪也分很多种情境。

第一种，我们与失去的关系还有未完结的情感纠葛，解决了内在的纠葛，才能真正地放下。亲人离世或者失恋后我们常常很难走出来，被困在持久的悲伤、抑郁和愤怒中，无法面对新的生活。不去主动打开内在的心结，情绪就会总来提醒你：与其回避，不如面对。

第二种，我们这段时间的压力过大，需要放松、减压。情绪是反映我们生活状况的一项很重要的指标。当情绪来敲门时，我们需要自检，一方面理解自己的情绪来源，另一方面适当对生活和工作做些减法，这都能让我们加快恢复更加愉悦健康的情绪体验。

第三种，我们可能正在经历生理上的变化，这时候最好到医院进行相关的身体检查，因为很多身体疾病会影响到情绪。

第四种，我们对自己太过严苛，经常对周围的人或事感到不满，无法接受不完美的结果。我们能振振有词地说出很多大道理，甚至有时表现得愤世嫉俗，有时还会迁怒于人。每逢此时，就需要对自己更加宽容。

管理情绪，就像管理自己的体形，需要日积月累。而急于求成本身就是一种情绪的躁动和不稳定。**我们总能发现，情绪管理高手的人生一直在闪耀。**

48 意念平静

冥想与放松大脑

春节假期过后，我每次去办公室总能听见有同事唉声叹气地在唱:“没有一点点防备，也没有一丝犹豫，假期就这样远去……”歌唱得婉转动听，简直就像初恋被强盗绑走了一般令人痛彻心扉。

很多人在假期结束后都患上了这样的假期综合征，它的大概表现就是：双眼无神、四肢无力，从头到脚每个毛孔似乎都在焦虑。症状严重的可能还发展成生无可恋，追问人生的意义究竟是什么？我到底在奋斗什么？也有的自暴自弃，跪求一张能中百万元的福利彩票。还有的异想天开，说自己的性格不适合上班只适合拿工资……

从假期过渡到工作，从放飞的小鸟瞬间变成一颗兢兢业业的螺丝钉，确实有点难。瞬间，各种工作和生活的压力都向我们进攻，我们的意志力很可能会全线崩溃。所以这个时候，学会安定自己杂乱的思绪、放松大脑和身体去接受内在和外在情况的改变，就非常有必要了。

那具体怎么做呢？冥想。难道是瑜伽中常见的那个“冥想”吗？没错，就是它。其实现在，冥想已经无关宗教，也不再是瑜伽爱好者独有的练习方式，在职场中它也越来越受到推崇。

那冥想到底是什么意思呢？这个词出自梵文，古代把这个词翻译成“禅”。这是不是瞬间提升了我们对它的熟悉度？谁小时候还没背过几首禅诗呢。“菩提本无树，明镜亦非台”，这句诗我们都很熟悉。

话说回来，我们从字面上来看，“冥”就是泯灭，“想”就是我们的思维，连在一起，冥想就是去除我们思维中的妄想和执着，帮助我们获得内心的平静，也让大脑能够放松和休息。这非常适合从假期到工作的过渡阶段，也很适合在工作压力非常大的时候用来放松大脑，然后更有效率地投入到工作中。

几年前，有一个朋友跟我说，他的工作压力非常大。大到什么程度呢？他每天晚上都睡不好，一有声响，就会立刻被惊醒。严重的时候还要靠安眠药才能短暂休息一会儿。胃口也不好，吃得很少，但每天的消耗其实是很大的，所以他整个人都瘦到脱形了。

后来他就尝试每天打坐至少一小时。我当时跟他也是刚认识，对他的印象只停留在工作层面，比如他非常有魅力而且对工作很有掌控力，但我们俩真正熟悉起来还是因为冥想。

我问他，他在冥想的时候都想些什么？他的回答很有意思，他说："我只想我自己，想我自己的呼吸，想我吸进去的第一口氧气在我身体里经过了哪几处地方。每感觉到它抵达一处，我就觉得那个地方开始慢慢汇聚元气。"

后来练习了一段时间，他跟我说，冥想真的能帮到他，至少他现在能够更好地管理情绪，培养专注力和自制力，而且还能保持头脑清醒。所以从最初的每天一小时，他现在每天要打坐两小时，如果时间宽裕的话，时间可能更久。

受到他的启发，我自己也在尝试一些**冥想的方法。**

第一种叫作呼吸式冥想法。这是所有冥想技能里最普遍的一种，所以对于初次接触冥想的人来说，很快就能入门。

首先，我们要找一处安静的地方，因为呼吸式冥想专注在我们的呼吸上，所以越安静的地方，越能帮我们听到自己呼吸的声音。接下来，要放松自己，不要手握拳头，也不要皱着眉头，身体还是要保持笔直，不然可能在冥想前就先睡着了。冥想需要我们处于一种既警觉又放松的状态。

接下来，我们就要深入进行冥想了。用力呼气，把肺深处的二氧化碳彻底吐出来。通过练习"腹式呼吸法"里的技巧，想象一下我们的腹部有一朵正在绽放的花，当吸气使腹部充满空气时，花朵的花瓣舒展开来；当我们呼气时，花瓣则合拢起来。

第二种叫目不转睛式冥想法。顾名思义，这要我们专注地盯着某个物件，最好是对我们有意义的东西。比如我们最喜欢的一盆花，或者最爱看的一本书，只要它们对我们来说是有意义的，我们能安静平和地将自己的注意力集中在它身上就行。所以，基于这条标准，手机和 iPad 肯定就不能当作目标对象了。

第三种叫作引导式冥想法。这个也不难，如果接触过瑜伽，在冥想入门的时候，老师应该都会在我们冥想时说“吸气，我知道我正在吸入空气。呼气，我知道我正在呼出空气……”类似这样的话，其实都是一种引导。

再形象一点，引导式冥想，就好比一个跳水选手在起跳前，会在脑海中想象他“完美跳水”的所有动作。然后遵循这一想象，他舒展自己的身体。

呼吸、目不转睛还有引导，这三个方法都非常简单，但要熟练运用还得结合情境，那么接下来在什么时候、在哪些场合中，可以利用冥想来放松大脑呢？

第一个时间首选清晨。习惯和我一起早起的朋友可以配合使用 10～30 分钟的冥想时间，从上面三个方法中挑选一个，让自己静下来，在脑海中确认自己今天的状态与目标，带着更强的自信与正能量开启新的一天。

当我们出门后，偶然遇到堵车或者长时间挤在地铁里，整个人已经开始烦闷焦躁，7 点出门 9 点才到公司，折腾了一早上又精疲力竭了怎么办？这个时候别着急打开电脑工作，不妨也先抽出 5～10 分钟做个短暂冥想，让自己的情绪和身体先适应环境，并调节好状态，然后再向工作发力。

第二个时间可以是睡前。睡觉前做一次深度冥想，有利于自己完全放松，把疲惫的能量转换为轻松快乐，感受自己的呼吸与身体，真正进入深沉美好的睡眠状态，同时期待新的一天。

第三个时间是当你遇到挫折的时候。比如我们在最开始提到的假期综合征，其实就是我们遇到了挫折，无法调节内在环境和外在环境的平衡，这时候就可以尝试用冥想来缓解。最近，我就特地在公司召集了一次会议，在会议上给所有人示范如何“冥想”，帮助员工放松大脑，以便能够更专注地投入到新一年的工作中。

除此之外，还有一些类似的挫折情境也能用到冥想。比如很想发火，那在此之前，强制自己闭上眼，深呼吸，做个短暂冥想，让自己平静下来，控制好情绪，不伤害和别人的关系。

每个人每天都有几万个脑细胞死去，要想保持大脑年轻，我们不妨可以试一试这种运动方式，让大脑经常处于愉快的冥想状态。

当然，大多数人选择冥想，是为了获得短暂的内心的平静，如果我们想像专业瑜伽行者或僧侣那样达到更深层次的境界，这可能需要花上数十年。但是这也没有关系，只要我们踏出了第一步，就离峰顶更近了一点。如果在冥想过后，能感受到自己比冥想前更加平和宁静，那么我们的冥想就已经成功了。

49 精神自由

不为物役的自我解放

每次提到《傲慢与偏见》这本书，女主人公伊丽莎白最后伫立在湖畔的身影，有所思而又无所待，这种自由的形象一下子就撞进了我的脑海里。这个角色最让我感动的地方在于，她从没有因为现实而委屈自己，她的精神自由挣脱了现实的枷锁。

不得不承认的是，精神自由是一种能力，也是一种健康的表现。健康不仅是身体上的，还有精神上的。精神自由还是财富自由的松紧带，那些困于财富的人大多都成了我们口中的守财奴、贪官、钱疯子……他们的经济条件不一定差，但是他们都被钱所困。有的人患得患失，有的人多行不义。所以，财富自由也只是阶段性的自由，远不及精神自由。

我在创业期间也遇到过很多人对我说教：张萌，

你一个女孩，没必要把学历考那么高，也不需要那么努力，过安稳的生活就好，再往上你也干不了领导者的工作，还是找一张长期船票比较实惠。

就在这一句话里，这个人给自己设置了多少框架不言而喻。性别的框架，生活方式的框架，工作能力的框架，婚姻选择的框架……所以每次遇到这种人，我都会用陈寅恪先生说的一句话——“独立之人格，自由之思想”来回敬他。

就像这个说教的人一样，精神不自由不仅束缚着我们的思想，也影响着我们的生活。我自己在这方面曾经吃过亏。刚开始创业时，对自己的盈利情况抱有很大期待，我给自己设了一个小目标：自己今年一定要赚多少。但真的快到年底时，这种压力常让我睡不好觉，吃不好饭，心事特别重，加上工作任务非常重，当时身体格外脆弱，感冒发烧胃痛什么的很容易就来了。

症状真正得到缓解的时候，是当我开始理性思考自己的欲望的时候。这个目标是否适合现阶段的我？我又是否因为过于在意完成工作的量，而疏忽了其他东西，比如团队建设、客户经营等？我开始逐一地排查我自己。当我解决了“这是谁的问题”，发现自己心里顿时轻松了很多。

我们没有必要把所有的责任都往自己身上揽，正如我们也不能把所有的责任都往外推一样。**所以想要保持精神自由，第一点就是保持怀疑，理性思考。**

我遇到过一个很有意思的人，张口闭口都是“我妈妈曾经说过”“一个微博大V曾经说过”“我老师曾经说过”……首先不说这些人说的话到底对不对，这个人在引用的过程中没有自己的见解，只拿别人的言论来说明情况。这就是失去怀疑精神的表现。难道他能保证这些人所陈述的事实就一定是真相吗？

精神自由之间的关系应该是层层递进，层层推动，对我们的生活有现实指导意义。因此，理性思考，小心求证，才是联结怀疑精神和精神自由的必要过程。所以，当我们碰到那种“张口就来”的朋友时，一定要建议他去查找资料，去做逻辑推理，不能偏听偏信，或者只是遵从自己的本能。

精神自由的第二点叫作学会拒绝。

我有一个邻家姐姐，从小就很优秀，人也很好说话，但也正因为如此，常常吃亏。有一次她和我说起，她帮一个朋友写年终报告的事。当时年底了，她自己也是忙得焦头烂额，但是那个朋友非要她帮忙写年终报告，明明两人都不是一个行业的。

那位朋友非常义正词严，“你这么能写，几千字对你来说还不就是分分钟的事，你随手帮帮忙呗。还是说，你看不上我这个老同学了？”我那位姐姐推脱不过，商量了一下，让对方先写了初稿，然后她来完善。她凌晨三四点终于写完，然后给朋友发过去，第二天非但没落着好，还被对方嫌弃说写得不怎么样。

这件事给我那位邻家姐姐带来了不小的精神压力，她明明是好心帮忙，也不是自己硬凑上去的，凭什么自己还被数落。后来我们一起分析原因，症结还是在于她本人太在意别人对她的评价。活在别人的眼光里，又怎么可能会自由呢？

学会拒绝，不仅是要拒绝别人的不合理要求，也要拒绝自己想要依附别人的心理，培养自己的独立性。就像我们身边很多女孩子失恋后总说没有谁谁谁就活不下去了，这其实也是精神上的一种病态。当我们反复强调对方的重要性时，就是给自己戴上了紧箍。

精神自由的最后一点是，保持求知欲，保持赤子心。这是精神自由最好的诠释，2005年乔布斯在斯坦福大学毕业典礼上的演讲中也提道："Stay Hungry. Stay Foolish."当时他的事业正值巅峰，却确诊为癌症，很少演讲的他决定接受邀请。本来，他想请美国著名编剧帮他撰写演讲词，但他最后还是自己写了这篇发人深省的演讲词。如果感兴趣，可以找来看一看。

那时候我还在上学，当我看到这篇演讲稿的时候，真的打心底里佩服他。在我看来，"保持求知欲，保持赤子心"，这句话是对如何保持精神自由的最好回答。因为当从最开始的小溪到最后汇入大海，见识了人间百态后，仍然不忘自己最初是一股想向前奔流的溪水，那我们就无所忧，也无所惧。

对我而言，在我追求精神自由的时候，我也时刻保持着求知欲，更是把这种状态尝试通过创业带给更多的年轻人。我们团队的下班加油站，通过自我管理体系、泛学体系和精学体系三个维度来培养青年，将其打造成未来社会各界的领军人物，帮助他们实现真正的精神自由。

这种自由建立在技能的基础之上，我们通过充实自己、武装自己，从而赢得职场和生活的自主权。要知道，当我们在公司抱怨不自由的时候，往往是因为我们不是规则的制定者，而只能是服从者。掌握人生的主动权，将拥有更大的自由空间。

后记

写在我的 32 岁

今年我 32 岁，1986 年 5 月 16 日，一个叫张萌的女孩出生了。她带着父母的爱与希望，来到这个世界上探索人生。

谁的人生不迷惘？

人生就是从不确定到确定，再到不确定的周而复始过程，我一开始笃信万分的事儿，在后来也会疑惑，然后又开始质疑。很多优秀的人都说自己很小时就知晓自己到底想要什么，我听了总会自惭形秽。我不是一个这样的人，我在不断追寻，也在苦苦挣扎，在探索尝试，也在自我质疑。小时候妈妈就对我说：“你个子高，反应就比别人慢半拍，但你如果勤奋一点儿，也可以弥补这个短板。”

接受了，就好了。

五年前我开始创业，记得那是一个炎热的夏天，我在北师大京师大厦租了一个 70 平方米的办公室，办公室的牌子是 2013 年 7 月 27 日挂上去的，从此，这个日子就是我们每年周年庆的日子了。比较幸运的是，我有来自家人的 100 万元创业启动资金；但不幸的是，我没有合伙人，也没有职场经验。

我那时天天加班，经常通宵伏案工作，头一抬，天就亮了。

有天晚上，我趴在办公室窗台，仰头看星空，好美！每颗星星都在努力闪烁，我也想成为其中的一颗，也想在创业路上找到属于我的位置：我要去哪儿，要把事业帝国打造成什么样子。还记得那时夜里我常哭，白天强作坚强，创业中仿佛都是委屈，眼泪说下来就下来了。这是五年前。

由于没有一点儿职场经历，我一直是创业队伍中比较自卑的那个。我还在学校就开始创业了，学校教的知识，并不能直接用在创业上。我每天都被周遭的消息影响，为什么别人能拿到融资，别的企业发展迅猛，而我同样作为一个拼搏的创业者，就是赚不到钱！我很焦虑，四处学习，弥补短板。我总是把自己跟那些优秀的人比较，瞬间感受到被落下很远的失落。

2018 年 5 月 16 日，是我创业的第五年，回头看看当初赚到人生第一个 100 万元的兴奋，招聘到合适工作伙伴的喜悦，完成阶段性里程碑的欣慰，看到我的学生的成长，过去我创业路上的坎坷现在都变成了我书里值得纪念的篇章。

如果说，在我 32 岁时，作为一名拼搏了五年的创业者学到了什么，我特别想分享以下思考。它只能代表我此刻的认知，不代表我下一秒的思考。

第一，创业者之间的差距之一是智商和经历。

创业是一场比拼智慧的游戏，创业者要是没有智慧，根本无法实现突围。当然，智慧也不是与生俱来的，它是后天学习的结果。那些看似每天悠闲自得的人，其实都是水中鸭，表面安静，脚下却一直努力，拼命划水，一刻也不停歇，当然这也是我后来才明白的。所以，这五年，我努力学习，为自己大脑投资，向别人学、向书本学，上了很多课程学习班，把所学立即用于实战输出，一刻不停地复盘，不断重新规划梳理自己的布局。

第二，很多时候，优势也是瓶颈。

在管理学中，我们推崇长板理论，将优势发挥到极致。但优势发展到一定阶段时，就形成了你的最优发展路径，因而开始转变为制约你再次发展的瓶颈。很多人赚得第一桶金后，就形成了第一桶金的思维与能力偏好。这也许就会非常不利于未来发展。未来你能取得多少成就，是依据客观环境变化而发展的结果，很可能你的优势在新时期就不适用了，反而会逆转为你新思路的制约条件。

在我构建认知体系时，非常在意两方面能力的构建。一是学习能力，二是泛学体系。首先学习能力不是学习速度，也不是学了多少，而是是否把所学总结、内化并运用到实战的能力。在泛学体系中，我非常善于积累他人的知识，并纳为已用。

第三，真心谦逊才能成长。

创业第三年，因为拼搏和幸运，我已经掌握了些许商业智慧，取得了一点儿成绩，就开始沾沾自喜起来。那时的我，过于自大，觉得很多人都不如自己，更瞧不起比我弱的人。但我慢慢地发现了自己的浅薄。我已经开始不认识自己了。就在三年前，有天早上醒来，我突然很憎恶当下的自己。我觉得自己变了，丢掉了勤奋好学和谦虚严谨，只剩下了傲慢和表面的谦虚。当我开始丢掉谦逊，我就关闭了他人照进来的光，减少了进行“光合作用”的机会。

第四，利他，才能利己。

每个人都是自私的，但伟大的人都能做到利他，圣人能做到心甘情愿利他。我们不是圣人，但可以向伟大的人学习。利他的本质是格局。站在山脚下的人看到的风景，与站在山顶上的人所看到的风景自然不同。山顶有更好的风景，能俯瞰这座城市，交通主干之间的关系，每个区之间的关联，一览无遗。格局大的人，通常不会把自己眼前的利益放在唯一考虑的位置。“失之东隅，收之桑榆”是一种“我愿意”，“塞翁失马，焉知非福”是一种心态。同时，考虑清楚为什么利他才知道如何利己。利他之心可以被训练，并不是胜者所独有。

平日里，我最开心的事就是读学生们的来信，每次读信我都感动无比。这次我过生日，收到了几百份他们寄来的礼物，还有的人从外地甚至国外赶到北京，只为亲手把礼物送给我。当我拿到“热腾腾”的礼物时，我看到了他们的用心。每个礼物都带卡片，上面是长长的故事。每个礼物都是定制的，上面写着我的名字。有的礼物是本小书，上面有粉丝召集大家给我写的文章，感谢遇到我之后的改变，他们精选了我的照片，配在一本书中，书装帧精美，题目是承“萌”有你（感谢 Xiaxia 和你的小伙伴们）。他们告诉我，我在他们人生最艰难的时刻，给了他们力量、信心与支撑。

我一直在反思，大家凭什么对我如此之好，我们非亲非故，他们却如此用心。我值得大家如此对待吗？后来我终于明白，教育与讲台，本身就是利他的场域。它每天考验着我，也考验着我的教师团队是否真正可以知行合一，是否因学生们成长而感到幸福。就像我面试签约知识 IP 人生效率合伙人的时候，就会问他们，你们是否真心喜爱这种生活，是否会始终如一地喜爱。教育事业，是不是你们的终极归宿。

就像在 32 岁生日这天，我没有举办任何聚会来庆祝，反而是早起先给我爸妈发了感恩短信，然后五点出发和团队一起去河北唐县做公益。我们带去了 880 本字典送给当地 10 所学校和教学点的孩子们，这些地方都在大山深处。最让人感动的是“讲述”环节，由来自全国各地的哥哥姐姐，讲述他们自己的故事，激励小朋友们走出大山，去外面的世界看一看。我不由得想起，当初我在贵州捐助的姐弟俩，后来考到了中国人民公安大学，走出了大山。

此刻我正坐在由河北到北京的返程大巴上，公益这条路，我还要继续走下去，人生拼搏之旅还在继续，我期待下一个奋斗的五年。32 岁的生日体验，在此刻被记录。

2018 年 5 月 16 日

张萌拆解报告：世界上最可怕的，是比你美的人比你还努力！

勾俊伟

2017 年 5 月 4 日，美国纽约时代广场的大屏幕上出现了一位年仅 30 岁的华人姑娘，她就是人称“萌姐”的张萌。

很多人在 30 岁时正处于职场焦虑期，而张萌不同，她已经拥有了一系列的身份标签：畅销书作家、立德领导力创始人、时间管理专家、微博职场大 V、下班加油站创始人、首都十大教育新闻人物、北京市三八红旗手……

标签虽多，但综合来看有三条主线，分别是：对外交流、创业和公益。

普通人在一个领域都很难成功，而萌姐却在对外交流、创业和公益这三个领域做得风生水起。

她究竟有什么过人之处？

近期，我翻阅了萌姐的近 3500 条微博，以及有关其创办的立德领导力、极北咖啡、下班加油站等品牌的合计 13000 篇微博、博客等文章，总结出 3 个“萌姐成功公式”。具体如下：

一、1000 天坚持 + 严格自律 = 成功基石

很多人羡慕萌姐的成功，立志向萌姐学习，但只是口头说说

而已，“睡懒觉”“拖延症”依旧是自己生活的主旋律。

那萌姐是怎么做的?

1.1000 天坚持，早起达人。

入学北师大后，萌姐的考试成绩将近年级 90 名。而后来，她成功名列前茅。这中间发生了什么?

答案就是：1000 天英语早读计划。

每天早上 5 点，张萌会准时在小树林里大声朗读、背诵英语。即使在积水成冰的冬天，也从不间断。

相比早上赖床的多数人，张萌的成绩是用常人无法比拟的自律换来的。

连续 26 年，坚持每三至五年训练一项“硬本领”；

连续 24 年，坚持记日记，每日自省；

连续 18 年，坚持每天早上 5:00 起床，开始读书学习；

连续 17 年，坚持每天 1–2 杯咖啡，保持充沛体力精力；

连续 16 年，坚持使用效率手册，规划自己的时间；

连续 10 年，坚持旅行学习思考，行走 40+ 国家；

连续 6 年，坚持每年出版一本书；

连续 5 年，坚持创业迎难而上，从没想过退缩；

连续 5 年，坚持每年演讲 100 场以上（2017 年 400+ 场），训练自己口才与表达能力：

连续 4 年，坚持自主学习，构建新的知识理论体系；

连续 4 年，坚持与人为师计划，每年向 50 个人物学习；

……

很多人都有梦想，但像张萌这样“变态”坚持的，真不多见。只有拥有目标并把坚持当作一种快乐，才能享受到升级后的满满成就感。

2. 健康饮食与运动。

我们印象中的“死磕侠”，通常顶着乱糟糟的头发，带着浓黑的眼圈。

萌姐也死磕，她常年早上 4 点起床，全天高效工作，但她都是神采飞扬，精神抖擞。正如她自己所说：除了思想上的超级自律，在身体健康上，同样没有放松一分一毫。

3. 按时早起，尽力早睡。

从不在床上刷手机，像婴儿一样躺下就睡；

从不吃垃圾食品，按照各种营养的比例，严格规范饮食；

即使忙成狗，也要每周练三四次泰拳；

……

身高 173.7cm 的萌姐常年保持 92.5 斤的好身材，每天工作 17 小时仍精力旺盛。这一切，离不开精确的饮食锻炼计划以及更重要的自律执行。

放纵的皮囊千篇一律，自律的灵魂万里挑一。

所以，如果你也打算向萌姐学习，那就先管住自己、保持健康。

二、瞄准目标 + 变道超车 = 果断决策

一般人和那些成功者的区别在于：面对人生的关键时刻，成功者能果断选择最优途径，而一般人往往避重就轻，从而踏上平庸之路。

和大家一样，萌姐也遇到过不少人生选择题，而她的决策往往很干脆：向前看，盯紧目标；从弯道超车升级为变道超车。

1. 向前看，盯紧目标。

2001 年北京申奥成功，于是张萌就有了“通过奥运志愿者成就外交梦”的想法。

而 2005 年，张萌考入浙江大学生物医学工程专业后，发现浙江没有志愿者名额。

怎么办？张萌做出了让人吃惊的选择：退学重考。

“留在浙大”明显更符合大众策略。而对于张萌来说，这意味着无法实现目标。

于是张萌通过勤奋努力，顺利考入北京师范大学外国语言文学学院英文系，并在 2008 年成为“奥运火炬传递手”。

当你真正想做成一件事时，眼里就会只有一个终点，从而完成普通人眼中“不可能的任务”。

2. 从弯道超车升级为变道超车。

2005 年，张萌退学浙大的梦想是做一名奥运会志愿者，进而可以到外交部做一名外交官，但她最终却选择了另一条路——民

间对外交流。

她远离目标了吗？No！实际上，做民间对外交流可以有效地助推国家的外交工作。

比如2010年，张萌受时任美国国务卿的希拉里·克林顿接见，促进中美人文交流机制达成；随后她接受英国首相卡梅伦、法国总理瓦尔斯接见，优化了中英、中法青年交流机制。

在张萌的方法论中，有一个重要的关键词叫“变道超车”——在普通的赛道，对手也不会太优秀，这时即使弯道超车也不可能拥有太多高层次的跃迁；只有搞清楚如何更换赛道、升级赛道，才能拥有更厉害的战友，才能离人生目标越来越近。

也正因为变道超车，张萌在短短几年内将LEAD立德领导力做得风生水起，不仅帮助了500万青年迅猛成长，而且在2017年的五四青年节，自己也登上了纽约时代广场的大屏幕。

如果张萌不是在关键节点上果断地做出决策，可能她会成为一个出色的外交家，但是可能就不会出现一个帮助年轻人成长的超级公益组织了。

三、社会资本 + 跨界思维 = 野蛮成长

也许有人会说，我有了自律基础与决策能力，为什么还是“过不好这一生”？

可见，在走向成功的道路上，你还缺少一样，就是成熟开阔

的思维。

张萌在长达 10 年的对外交流、学习生涯中多次与大咖接触，这使她拥有了不同于常人的两样法宝：社会资本，跨界思维。

1. 社会资本。

（1）广结人脉，热启动。

刚走出大学校园的毕业生，要做全球性联盟的组织，该如何起步？

在 2013 年的达沃斯论坛上，张萌的创业想法获得了苹果副总裁戈峻等人的赞同。随后她趁热打铁，开设了“一小时对话青年”的线上栏目，而第一期嘉宾正是戈峻先生。这期栏目在一小时内获得了 5 万点击量，这个数字也让张萌的创业信心大增。

随后，张萌结识了共识传媒总裁周志兴、民进中央副主席朱永新、华尔街英语创始人 Pecce、长河实业董事长高鸿鹏、中国知名调查记者邓飞等大咖，继续结交人脉。

丰富的经历为张萌带来开阔的见识，同时又为她的创业提供了无人能及的高起点。

（2）以身作则，带团队。

俗话说：一个好汉三个帮。张萌的团队从创立开始，只有一个选人标准，就是以身作则。

张萌用自己的自律向团队展示了人生的成功公式，因此她的团队成员也必须尝试“开挂”，实现自我升级。比如，她的前助理、现任用户运营部门老大 HT，进入新部门 2 个月，收入翻倍；而后，再翻十倍。元旦期间，他自掏腰包近万元报培训班迭代自我；并计划在 2018 年，为自我提升花费 15 万 –20 万，然后赚回百万年薪。

张萌以榜样的力量，带给团队巨大的成长动力；而不断精进的团队人脉，助推她的事业蒸蒸日上。

与谁同行，将决定你的未来。

（3）提炼经验，传能量。

萌姐对“社会资本”有着非比寻常的理解，让团队和自己都因此而走上了成功的快车道。

不过，她并没有“闷声发大财”，而是将自己的核心方法、大咖智囊、媒体资源等深度提炼，并于 2017 年中和 2018 年初分别发布了“人生效率合伙人”和“全球企业领袖品牌计划”两大计划，带着更多人一起向前冲。

张萌“人生效率合伙人”是打造各领域知识 IP 的培养计划。此外，2018 年 1 月推出的“全球企业领袖品牌计划”，核心课程由张萌与全球青年导师亲授，目的是为企业领袖提供思维方式的升级、领导力的打造、团队指导以及体验式学习的机会，近距离得到具有个人品牌影响力的商界领袖前辈指导。张萌在发布这个计划时曾表示：“该项目已经沉淀五年，未来会持续用心注入新内容，让其影响力遍布全球，助力心怀梦想的青年商业领袖得到各方面发展。”

也许正是“青年”“梦想”“助力”“发展”等标签，让张萌身边的同行者不断增加。

2. 跨界思维。

从线上成功试水后，张萌一鼓作气地将组织发展到线下，设计导师“五个一”标准：

公开参加一次大型青年活动；

参与“导师制”计划，每年至少从全球青年领袖社区代表中，选拔一名作为自己的“徒弟”，帮助他成长；

为青年推荐一本书；

为 LEAD 立德领导力撰写一篇文章，与更多青年分享成长心路；

参与一次公益行动，支持助学字典公益项目。

如果说“LEAD 立德领导力”的线上线下结合是顺理成章的结果，那么张萌的第二次创业极北咖啡，则是一次十足的跨界挑战。

与星巴克等咖啡厅不同，极北咖啡做了 5 件大事：

（1）尝试优化咖啡的成本结构：让更多早起的年轻人每天花几块钱就能喝上咖啡；

（2）尝试改善咖啡豆的供应链：让豆子不再因为滞留期长而发生氧化、变得不新鲜；

（3）尝试教育电商和实物电商的新玩法：左手做教育电商，办线下创业营，做女性领导者峰会，开发音频课程；右手实物电商，文创、咖啡、美妆、旅游等逐一打通。

（4）伴随“价格、产品、渠道”等多维度优化，以“为意志力充电”为理念的极北咖啡受到越来越多年轻人的欢迎。

（5）线上与线下联动，注重体验性。在主要省份建立极北咖啡教育中心，招募城市合伙人。

如果说一次创业成功是基于自律与初心的话，那么第二、三次的连续创业成功，一定是过人的跨界整合能力的展现。

现阶段谈到牛人的成功，有的人会归功于身世，也有的人会归功于命运。萌姐的三个野蛮成长公式，实际上也是她给年轻人的三个锦囊：

事业萌芽期，谨记：千天坚持 + 严格自律 = 成功基石；

事业交叉口，记住：瞄准目标 + 变道超车 = 果断决策；

事业跃迁期，牢记：社会资本 + 跨界思维 = 野蛮成长。

萌姐常说：“我们需要过有准备的人生！”

图书在版编目（CIP）数据

加速 / 张萌著. — 北京：北京联合出版公司，2018.7
ISBN 978-7-5596-2127-6

Ⅰ. ①加… Ⅱ. ①张… Ⅲ. ①时间—管理—通俗读物 Ⅳ. ①C935-49

中国版本图书馆CIP数据核字（2018）第098637号

加速

作　　者：张　萌
选题策划：北京磨铁图书有限公司
责任编辑：孙志文
封面设计：水玉银文化
版式设计：胡振宇

北京联合出版公司出版
（北京市西城区德外大街83号楼9层　100088）
河北鹏润印刷有限公司印刷　新华书店经销
字数：200千字　880毫米×1230毫米　1/32　印张：10.75
2018年7月第1版　2018年7月第1次印刷
ISBN 978-7-5596-2127-6
定价：49.80元